- Mosquée
- Persévérance
- Tracas
- Entêtement
- Intelligence
- Persévérance
- Drôle, insolite
- Vivre avec ses mains
- Combattant
- Rage/Révolte
- De enlever/goal
- Habituде
- Répétition
- Danger
- Mémoriser.
- Bataille

- Exemple de True : p. 24
- Ce qu'il y a de plus difficile
- Passion auto
- Différent (Diff.) des autres
- Sens de la Répartie
- Diff. à apprivoiser
- Être comme Tout le monde
- "Flashback d'enfance"
- Mettre l'accent sur les capacités
- Sens de l'orientation

3 Mai → St-Paul Desjardins

Mon clin d'œil à la vie

MICHEL LANGLOIS
en collaboration avec Josée Prud'Homme

Mon clin d'œil à la vie

FIDES

REMERCIEMENTS

Ce projet d'écriture a pu être réalisé grâce à la collaboration de nombreuses personnes que l'auteur remercie chaleureusement.

Données de catalogage avant publication (Canada)

Langlois, Michel, 1950, 13 avril-

Mon clin d'œil à la vie

ISBN 2-7621-2308-9

1. Langlois, Michel, 1950 13 avril-   .
2. Handicapés visuels - Québec (Province) - Biographies.
3. Rétinite pigmentaire - Patients - Québec (Province) - Biographies.
I. Titre.

HV1807.36A3 2001   362.4'1'092   C00-942040-1

Dépôt légal : 1er trimestre 2001
Bibliothèque nationale du Québec

Les Éditions Fides remercient le ministère du Patrimoine canadien du soutien qui leur est accordé dans le cadre du Programme d'aide au développement de l'industrie de l'édition. Les Éditions Fides remercient également le Conseil des Arts du Canada et la Société de développement des entreprises culturelles du Québec (SODEC).

IMPRIMÉ AU CANADA

Merci, Josée

J'AIMERAIS rendre un vif hommage à Josée Prud'homme, ma collaboratrice des trois dernières années, ma rédactrice, ma conjointe et amie qui, par son oreille attentive et sa main habile, a rendu possible l'écriture de ce livre.

Tout comme dans mon enfance une femme avait guidé le crayon sur mon cahier d'écolier, Josée a su écouter mes souvenirs, les clarifier, les ordonner et les faire jaillir sur papier. Elle a véritablement pénétré dans mon monde sans couleur pour transmettre mon odorat, mon toucher, mon ouïe, mon intuition. Ainsi, elle a donné vie à un texte dont le ton, le rythme et la sensibilité sont si réels que j'ai l'impression, dans chacune de ses phrases, de m'entendre parler.

Josée et moi avons tellement échangé, réfléchi, discuté ensemble à propos de mon exceptionnelle expérience de vie — que l'on m'incitait depuis longtemps à mettre par écrit — qu'il me semble, au terme de cette écriture en duo, que tout ce que je raconte dans ce livre a été vécu autant par elle que par moi.

Merci, Josée, de la bienveillante complicité de ton clin d'œil!

MICHEL LANGLOIS

CHAPITRE 1

Mes racines

JE SUIS NÉ À MONTMAGNY, près de Québec, atteint d'une maladie congénitale aux yeux qui avait tous les symptômes d'une rétinite pigmentaire, c'est-à-dire une vision strictement centrale nécessitant une grande source de lumière et de vifs contrastes. Une rétinite assez étrange, si vous voulez mon avis, car je n'ai jamais eu assez d'acuité visuelle pour lire un texte imprimé conventionnel.

J'habitais la maison de ferme familiale avec mon père, ma mère, mon frère ainsi que mon grand-père, ma grand-mère, ma tante Judith et mon oncle Marcel Langlois.

Très vite, on s'est aperçu que j'avais des comportements peu communs. Par exemple, je laissais mes doigts sous les berceaux des chaises même si quelqu'un se berçait, ou encore je tâtonnais pour trouver mes jouets ou mon biberon. Si bien que ma tante Monique, qui avait un fils du même âge que moi, commença à se poser des questions à mon sujet. Elle en a glissé mot à ma grand-mère, qui a été forcée d'admettre qu'elle aussi pensait que j'avais sûrement un problème de vision.

C'est ainsi que, sans en parler à quiconque, ma tante Monique et ma grand-mère Langlois ont commencé à me faire passer des tests visuels. Je n'avais alors qu'un an et demi.

Les fameux tests en question consistaient à me présenter sans mot dire des choses que j'aimais. On attendait ensuite ma réaction… qui ne venait jamais puisque je ne voyais pas suffisamment. Quand ma tante ou ma grand-mère m'offrait des bonbons ou des jouets, je tendais les mains. Une fois les mains tendues, j'attendais de recevoir ce qui m'avait été offert. Personne ne bronchait… Je restais là, les deux mains ouvertes et, à force de tâtonner dans le vide, je réussissais à saisir les objets convoités. Pour ma tante Monique et ma grand-mère Langlois, il devenait de plus en plus évident que je présentais de graves problèmes de vision. Restait à convaincre mon père et ma mère.

Monique décida de prendre les choses en main et d'aborder le sujet avec ma mère. Je ne connais pas une mère au monde qui soit prête à admettre que son enfant n'est pas parfait. Et la mienne n'échappait pas à cette règle. Pour elle, j'étais sûrement un enfant un peu distrait mais, à part ce détail, elle n'avait rien remarqué de spécial dans mon comportement. Néanmoins, elle promit qu'elle porterait une attention toute particulière à tout ça… Cependant, la tante Monique insistait. Aussi, quelque temps plus tard, en venant faire sa visite habituelle du dimanche après-midi, elle prit ma mère à part.

— Pis, Rita, as-tu vu?

— Non, non, Monique… Je vois vraiment pas ce que tu veux dire.

— Hé! Rita! Viens par ici.

Et la tante Monique de refaire son fameux test, et moi de le rater encore.

— Pis, Rita? Tu me feras pas croire que ce p'tit gars-là, y voit normalement! Voyons donc!

J'imagine que ma mère fut complètement désemparée face à une telle évidence puisque, après avoir constaté son désarroi, ma tante Monique lui a aussitôt recommandé d'en parler à mon père.

— Parles-en à André… pis, au moins, allez voir le docteur Bernatchez. Une paire de lunettes, ça pourrait peut-être l'aider. Des fois que ça corrigerait sa vision? Y est encore si p'tit.

Ma mère paniquait à l'idée d'en parler à mon père, mais Monique ne cédait pas.

— J'sais pas, mais y m'semble qu'y faut pas laisser ça d'même…

Ma mère a bien dû trouver le moyen d'en parler à mon père… Sûrement aussi qu'elle a subi une rebuffade assez ferme puisqu'il s'est passé au moins

six mois avant qu'on ne m'emmène chez l'opto-
métriste.

Quand il m'a examiné, le docteur Bernatchez a
eu une très forte réaction. Il a trouvé que j'avais une
vision… pas très forte, si bien qu'il a voulu savoir
comment je fonctionnais dans la maison et dans les
alentours. Selon mes parents, je courais normalement avec mon frère et mes cousins, je me pro-
menais dans la maison comme tout le monde. Le
docteur Bernatchez est resté bouche bée.

— Aïe! y voit pas, y voit pas assez, ce p'tit gars-
là!

— Ben, nous autres, on pense qu'y voit. Y a
peut-être un peu la vue faible…

Le docteur Bernatchez m'a donc prescrit une
paire de lunettes. De grosses lunettes! Semble-t-il
que j'ai commencé à fonctionner un petit peu mieux.

«Y a peut-être un peu la vue faible.» C'est
l'expression qui a servi à exorciser la gravité de mon
handicap pendant toute ma petite enfance. Je n'étais
sûrement pas aveugle et je n'allais certainement pas
le devenir. «Y a la vue faible» ou «Y est myope».
Voilà les euphémismes qu'on utilisait en croyant
s'épargner et m'épargner du chagrin.

Quelques mois plus tard, le drame éclata à la
maison. Alors que mon père travaillait dans la forêt,
il reçut une grosse branche sur la tête. On le
conduisit à l'hôpital. Pendant les six jours où il fut
hospitalisé, ma mère passa tout son temps à son

chevet, nuit et jour. Elle carburait au café. L'état de mon père ne s'améliorait pas et elle commençait à redouter le pire.

— Va-t'en pas, André ! Quitte-moi pas avec deux p'tits gars sur les bras, surtout qu'y en a un qui voit pas ! Fais-moi pas ça.

Le sixième jour, les médecins réussirent à convaincre ma mère de rentrer à la maison pour se reposer. C'est le moment que choisit mon père pour s'en aller. Quand ma mère fut informée de son décès, elle devint complètement hystérique. J'ai clairement en mémoire la chambre, le moment de la journée et ma mère qui valse et qui trépigne sur place, comme un enfant incontrôlable. J'ai trois ans, et c'est mon premier véritable souvenir.

Pour subvenir à nos besoins, ma mère se trouva un travail en ville et déménagea chez sa sœur Cécile. Comme je n'allais pas encore à l'école, j'ai continué à passer le plus clair de mon temps chez mon grand-père Langlois, où je me suis toujours senti chez moi.

Tout le monde participait à mon éducation et à celle de mon frère Raynald. Tout le monde nous prodiguait de l'affection, plus particulièrement ma grand-mère et ma tante Monique. Je garde de très bons souvenirs de ces années-là. Je dirais même que j'ai été un enfant choyé.

J'ai souvenir du premier tricycle que l'oncle Marcel offrit à mon frère. Je devais avoir quatre ans à l'époque. Je me rappelle également les modèles réduits de «sleighs à billots», identiques à celles utilisées par les adultes, que l'oncle Camille nous avait fabriquées. Quelle fierté j'éprouvais! Nous étions les seuls petits garçons de la région à posséder un tel jouet.

Mon oncle Jean avait pris la relève de mon père. À la fin de sa «run» de lait, il nous rapportait des tablettes de chocolat ou d'autres gâteries qui étaient bien meilleures que les «peppermints au miel» servies par ma grand-mère le dimanche après-midi. Occasionnellement, il nous emmenait avec lui faire sa tournée. J'en retirais une immense fierté. J'éprouvais un sentiment d'appartenance à la famille, à la ferme, aux bâtiments, aux animaux, même au tracteur que j'avais tellement hâte de conduire comme mon frère. J'étais heureux. La famille Langlois, à l'époque, possédait l'une des deux plus grosses exploitations agricoles du rang. Tout le monde travaillait fort.

Parallèlement à leur vie de travail, ces gens-là savaient s'amuser et accordaient une grande place à la musique traditionnelle. J'étais aux anges. Mon oncle Marcel avait un talent exceptionnel. Il jouait de tous les instruments et plus particulièrement de l'accordéon diatonique. Il jouait même dans un orchestre. Avec Marcel Messervier, artisan des célèbres accordéons qui portent son nom, mon oncle faisait partie des «champions» reconnus dans la région. Quand il pratiquait, les soirs de semaine et le dimanche après-midi, j'allongeais ses répétitions à force de dire «Encore, encore…». Je laissais la musique folklorique pénétrer au plus profond de moi. Ma tante Judith jouait aussi de l'accordéon, de même que mon oncle Jean qui ne savait que trois morceaux, mais qui «callait les danses»; et mon père, de son vivant, jouait de la cuillère et tapait du pied. Tout le monde était de la fête. Je vous jure que j'ai assisté, par la grille de la fournaise à bois, à des soirées de mi-carême tout à fait mémorables qui s'étiraient jusqu'à la pointe du jour.

Quant à mon grand-père Médée, c'était un homme à l'allure sévère et austère. Pourtant, il avait un cœur d'or. De lui émanaient une force, une solidité, une honnêteté, un grand sens de l'honneur et une générosité sans bornes. Chez mon grand-père, on me laissait vivre normalement comme n'importe quel autre petit garçon. Je n'étais jamais exclu.

Un jour d'été, il me dit:

— Ti-gars, j'vas l'autre bord de la ligne.

Ça voulait dire de l'autre côté de la voie ferrée, au bout de la terre qui était immense. C'était loin. Ensuite, il a dit à grand-mère:

— Fais-nous un p'tit lunch, Odiana, on va aller aux bleuets, pis j'vas emmener le p'tit.

C'est comme ça que le petit s'est ramassé assis dans «le gros Mercury 48» avec un petit lunch sur les genoux et deux gros seaux de chaque côté de lui, en route vers les bleuets. Je me disais : « Y a besoin d'en voir des bleuets pour remplir ces grosses chaudières-là. Des chaudières à lait ! »

Une fois rendus, on a commencé à cueillir des bleuets. Moi, j'avais mon petit seau, et grand-père a dit :

— Quand ta chaudière sera pleine, tu mettras ça dans la grosse.

Je pense qu'il aurait fallu que je sois là pendant trois mois pour la remplir, ma petite chaudière... À un moment, j'ai trouvé une talle de trois bleuets, puis une « talle » de deux, puis une « talle » de quatre. Quand on s'est arrêtés pour dîner, je pense que j'avais ramassé une douzaine de bleuets. Grand-père m'en a donné une dizaine d'autres. Mais ce n'était toujours pas suffisant pour verser le contenu de mon petit seau dans la grosse chaudière à lait... En tout cas, à défaut de fruits, il y avait des insectes. Je ne sais toujours pas si j'avais affaire à des taons, des guêpes ou bien à de simples mouches inoffensives. Tout ce que je sais, c'est que ça faisait « bzzzzzz ! » sans relâche autour de ma tête. De plus, nous étions en plein milieu du champ, il n'y avait pas d'arbre, pas d'ombre, et il faisait chaud. Le grand-père, avec son grand chapeau de paille et son endurance, en était à sa deuxième chaudière à lait pleine de bleuets. Je me demande bien où il les trouvait, ses damnés bleuets !

Une fois à la maison, il a dit :

— Pis, ti-gars, t'as-tu aimé ça, aller aux bleuets ?

— Certain, certain que j'ai aimé ça.

Mais, pas mal plus tard, comme ma grand-mère voyait que je ne parlais pas fort, elle m'a demandé :

— Michel, es-tu sûr que tu as aimé ça, aller aux bleuets ?

Là, j'étais un peu mal pris. J'avais un petit peu peur de mon grand-père… Pas mal même.

— Tu peux me dire la vérité, tu sais.

Je ne pouvais pas mentir à ma grand-mère.

— Grand-maman, les bleuets, je les vois pas. Et pis, il fait chaud. Pis y a des insectes qui cillent, pis je l'sais pas si c'est des bébittes qui piquent ou pas. Ça m'énerve. Fait que si y veut encore y aller au bleuets demain, grand-père, j'aimerais ça pas y aller.

— Je vas t'arranger ça, ti-gars.

J'ai entendu ma grand-mère dire à mon grand-père :

— Tu sais, Médée, le p'tit, c'est pas le fun pour lui d'aller aux bleuets. Y voit pas assez clair pour les ramasser, pis y a peur des bébittes. Pis y a chaud.

Mon grand-père a répondu :

— Ah oui ? Ah bon ! Moi, je voulais juste y faire plaisir, au p'tit.

Évidemment qu'il voulait me faire plaisir ! C'est frappant de voir combien les gens de cette famille s'aimaient et se le prouvaient par des gestes concrets, et combien, en même temps, ils avaient de la difficulté à se le dire.

À propos de « se le dire », un jour où nous étions tous à table, je me suis soudain mis à parler. Le père Médée, de sa place de patriarche, m'a dit :

—Ti-gars, mange, tu parleras après.

J'ai donc commencé à manger à toute vitesse parce que j'avais envie de raconter mon histoire. Mon repas terminé, j'ai repris la parole. Mais Médée m'a interrompu une nouvelle fois :

— Ti-gars, si t'as fini de manger, sors de table.

Ça ne m'est pas arrivé souvent, au sein de cette famille, mais là, je me suis senti un peu lésé. Heureusement, l'oncle Marcel est intervenu :

— Ben voyons, l'père, je veux le savoir, moi, ce qu'il a à dire ! Envoye, le p'tit. Dis-le ce que t'as à dire !

Grand-mère a renchéri :

— Moi aussi, je voudrais le savoir.

Grand-père a accepté :

—Ah ! oui, c'est vrai ti-gars, je te l'ai promis. Vas-y. Dis-le qu'est-ce que t'as à dire.

À cause de ma « vue faible », il m'arrivait souvent d'avoir des petits accidents. Rien de grave, mais des petits accidents dont je ressortais, le plus souvent, avec des foulures aux poignets. Lorsque ça se produisait, le père Médée prenait « son vieux Mercury 48 » et m'emmenait à Saint-Victor-de-Beauce chez Noël Lessard, qui était un « ramancheux » très reconnu. Je me souviens : j'avais les poignets enflés et très douloureux, et monsieur Lessard mettait sa main par-dessus. Je sentais alors comme un courant qui passait. La douleur s'en allait et, après avoir attiré mon attention sur autre chose, le ramancheux faisait craquer mon poignet, et la foulure était guérie.

C'est au cours d'une de ces visites chez Noël Lessard que Médée lui a demandé :

— C'est ben beau les poignets, Noël ! Mais ses yeux… Peux-tu faire quelque chose pour ses yeux, au p'tit ?

— Écoute, Médée, moi je suis un « ramancheux », pas un docteur. Pis certainement pas un « faiseux » de miracles.

Quand on est revenus à la maison, dans le vieux Mercury, grand-père ne parlait pas plus qu'avant, mais il me semble que le silence n'était pas le même. D'aussi loin que je me souvienne, c'était la première fois que quelqu'un avait fait devant moi une allusion claire à mon trouble de vision. J'avais à peu près cinq ans.

Si je vous ai fait part de ces quelques souvenirs, c'est pour vous faire comprendre qu'au sein de cette famille élargie j'ai trouvé les valeurs qui m'ont permis de me développer et de devenir ce que je suis aujourd'hui. De ces gens-là je retiens le sens de l'honneur, le souci du dépassement, de l'évolution, le goût de la fête et le respect du patrimoine. Quand le père Médée disait : « Je lui ai promis, je vais tenir ma promesse. Parle, ti-gars », c'est à moi aussi qu'il donnait une leçon de vie. C'est un peu tout ça que ces gens-là m'ont donné, et je tiens à les en remercier du fond du cœur.

CHAPITRE 2

Pourquoi je ne peux pas lire?

À L'ÂGE DE SIX ANS, on m'a inscrit à l'école régulière. Mon frère aîné ayant fait sa première année quelques années avant moi, j'avais acquis énormément de connaissances. Quand ma mère lui apprenait ses leçons, j'apprenais moi aussi.

Dès le début de ma première année, comme j'écoutais très attentivement tout ce que la maîtresse expliquait, j'étais un des premiers de ma classe. Quand l'institutrice posait une question, j'étais toujours prêt à répondre et, souvent, elle devait me dire d'attendre mon tour.

En mathématique, je n'éprouvais aucun problème. J'avais développé une façon très efficace de calculer dans ma tête. Cependant, quand j'ouvrais mon livre de lecture, la seule lettre que je pouvais voir était la grosse lettre au haut de la page qui expliquait que c'était la page des A, ou des B, ou des

F, ou des G… Pour ce qui était de lire la calligraphie ou les caractères d'imprimerie, je voyais juste un peu plus foncé sur le papier, mais jamais assez pour distinguer les lettres et les mots. Je lisais avec ma mémoire et j'aurais pu avoir 100 % en lecture même si mon livre avait été rangé dans mon pupitre.

Quand ma mère me faisait étudier, elle me disait : « Vois-tu telle lettre, vois-tu telle autre lettre ? » Non… J'en étais incapable. Et que dire des fameux devoirs d'écriture ! Elle plaçait sa main droite sur la mienne et elle faisait avancer le crayon… Dans ma tête, j'apprenais la forme des lettres. Je me rappelle des cahiers où il y avait une grande ligne suivie de deux petites lignes collées. Il fallait placer les petites boucles des lettres dans les petites lignes et faire dépasser les grandes pattes des lettres en haut ou en bas des petites lignes collées. Il ne fallait surtout pas dépasser les deux petites lignes collées… Hélas ! je ne les voyais pas ! Comment ne pas les dépasser ?

Ma mère, qui ne savait pas à quel point je ne voyais pas, qui était certaine que j'avais juste une perte de vision de 10 ou 15 %, ou enfin, peut-être de 25 %, mais que les lunettes corrigeaient partiellement, pensait que je manquais d'éclairage. Elle plaçait donc deux lampes, l'une à gauche et l'autre à droite de mon cahier d'écriture. Puis, elle en installait une autre juste au-dessus de mon cahier. Il faisait clair, très clair! Mais ça ne grossissait pas les lignes et ça n'accentuait pas le contraste du noir sur le blanc... Ça ne m'aidait pas... Au contraire, ça me donnait des maux de tête carabinés. Ma mère me disait: « Force-toi... Force-toi, tu vas les voir les lignes! » Je me forçais. C'est vraiment spécial d'entendre une mère demander à son enfant de se forcer pour voir plus clair. Après beaucoup d'effort, je n'en pouvais plus et je lui disais: « Laisse faire maman, je vais finir tout seul. » Et là... je faisais deux ou trois lignes de A ou de B, du mieux que je pouvais, le plus souvent en diagonale dans la page... Ça coûtait pas mal cher de cahiers!

Pourtant, à l'école, le lendemain, la maîtresse me donnait des bonnes notes pour ce que j'avais fait. Elle me félicitait et collait des petits anges et des étoiles dans mon cahier. Les petits anges, je ne les ai jamais vus, par contre, les étoiles, je pouvais les toucher... C'était bien mieux. Cette maîtresse-là était tellement gentille! J'ai appris, beaucoup plus tard, ce qu'était le rejet des profs, et cela dans l'univers supposément évolué de l'université. J'ai eu connaissance, plus tard aussi, des problèmes engendrés par l'intégration des aveugles dans les écoles régulières. Moi, j'ai eu quelques maîtresses d'école durant deux ans à Montmagny, et jamais ces femmes n'ont voulu m'empêcher d'être dans leur classe. Jamais non plus ne m'ont-elles fait passer « à rabais ». Non, elles me traitaient autant que possible comme les autres élèves et elles le faisaient très bien.

Et moi aussi, je me donnais toutes les chances pour fonctionner normalement, ce qui impliquait déjà bien des trucs et de la «jarnigoine». Ma mère avait trouvé des trucs pour que je reconnaisse mes vêtements. Je me souviens qu'elle avait collé un «diachylon» à l'intérieur de mes couvre-chaussures parce que tout le monde avait le même genre de bottes. Je glissais donc ma main à l'intérieur: s'il y avait un «diachylon», c'était les miennes. Mon manteau, une canadienne comme en portait tout le monde, avait un gros M brodé dans le col. Je touchais: s'il y avait un M, c'était le mien, sinon c'était celui d'un autre.

Paradoxalement, j'étais celui qui demeurait le plus loin de l'école et qui avait le plus de difficulté à se déplacer. L'hiver, après l'école, tandis que je parcourais la première moitié du trajet, je voyais un peu, car il faisait encore clair, mais, pendant la deuxième moitié, il faisait noir et je ne distinguais plus rien. Heureusement, sur la rue de la gare, j'avais des points de repère visuels. Deux rues après l'enseigne lumineuse de la boucherie du père Saluste, je savais que je devais tourner à droite. Cependant, quand j'ai changé d'école pour aller à Saint-Thomas, j'ai perdu mes repères, car la rue Sainte-Brigitte que je devais emprunter n'était pas commerciale. Je devais alors compter les rues de pas mal plus loin et surtout, surtout ! éviter d'être dans la lune. Après les grosses tempêtes de neige — et Dieu sait qu'il y en a à Montmagny — ça devenait difficile. Il y avait des gros bancs de neige accumulés et les rues transversales étaient moins évidentes. Sans canne, sans chien-guide, je me demande encore aujourd'hui comment je faisais pour faire ce trajet en voyant si peu devant moi. Pourtant, je le faisais.

J'aimais l'école, je réussissais bien, je me sentais comme tout le monde et surtout... je voulais vivre comme tout le monde, je voulais vivre normalement. Pour y arriver, j'ai commencé à utiliser mon toucher comme sens palliatif. Quand on allait dans les magasins, par exemple, je voulais toucher les jouets ou les marchandises que les autres voyaient. Déjà, je comprenais que si les autres regardaient avec leurs yeux, moi j'allais voir avec mes mains. Pourtant ça dérangeait ma mère, ça dérangeait mes tantes, ça dérangeait le monde autour de moi. Tout le temps, j'entendais dire : « Touche pas... Touche pas... » Je ne comprenais pas leurs « touche pas ». Moi, des empreintes de doigts, je n'ai jamais vu ça et je ne comprends toujours pas aujourd'hui comment des doigts peuvent laisser des traces. Ce que je savais, c'est que moi, si on m'empêchait de toucher, on m'empêchait de voir. Je trouvais que c'était une grande injustice, je me sentais lésé. Déjà, je me disais : « Ils ne comprennent pas, et je vais toucher quand même. » À ce sujet, je vais vous raconter la très belle histoire de la boule de quille.

Au 5-10-15, le grand magasin à rayons de l'époque, tous les jouets étaient regroupés au sous-sol. Cette année-là, pour le temps des Fêtes, on avait installé le trône du Père Noël au pied de l'escalier du sous-sol. De la façon dont il était installé, je le voyais très mal… Mais, j'entendais ses ho! ho! ho! Il me semblait que le Père Noël avait une bien grosse voix. J'avais peur, bon! Pourtant, je voulais aller voir les jouets et, pour ça, je devais passer devant lui.

Je suis allé avec ma tante au rez-de-chaussée du magasin. À un moment donné, je me suis décidé et j'ai dit :

— J'vas aller voir les bébelles en bas.

Elle m'a répondu :

— Correct, j'vas aller te chercher tout à l'heure. Fais ben attention !

J'ai commencé à descendre l'escalier. Premier palier, tout était beau. Deuxième palier :

— Ho! ho! ho! ti-gars…

Ouf! Je me suis dit : « Non toé, tu m'attraperas pas. »

J'ai réfléchi un bon bout de temps et j'ai trouvé la solution : « Si je passe assez vite devant lui… il ne m'attrapera pas. Une fois que j'aurai passé le trône, je pourrai aller voir les jouets. »

C'est ce que j'ai fait. Arrivé au pied de l'escalier, j'ai regardé où était le trône et je me suis dirigé en droite ligne vers ce qui m'apparaissait être un espace libre. Sauf que... j'ai fait à peine quinze ou vingt pieds et bing, bang ! je suis arrivé comme une boule de quille dans l'étalage des jouets. Ça tombait de tous bords, tous côtés. Il me semble que ça s'est écroulé pendant cinq minutes. Et c'était moi qui avais fait tout ça !

— Ho ! ho ! ho ! ti-gars, fais attention, regarde où c'que tu vas !

Oui, oui, j'avais bien regardé pourtant. J'ai replacé quelques boîtes et j'ai commencé à tâter les jouets. Mon Dieu que j'avais hâte que ma tante vienne me chercher !

Ah oui, j'en ai touché des choses... Les automobiles, par exemple, je les ai tâtées, je les ai emmagasinées dans ma mémoire. Je pourrais aujourd'hui vous les dessiner et vous les décrire dans leurs moindres détails. À l'époque, mon oncle construisait un garage. Je passais le plus clair de mon temps avec lui à regarder comment il faisait. J'ai fini par mémoriser le plan de la construction. Si bien que plusieurs années plus tard, j'ai construit un cabanon de jardin selon le même plan qui était parfaitement intact dans ma tête.

Il est certain qu'avec les grosses lunettes que je portais j'avais une allure plutôt extraterrestre. J'étais dérangeant. Il y a plusieurs enfants qui ne voulaient pas m'accepter dans leurs jeux. Le mot qu'ils utilisaient pour m'insulter était « coq-l'œil ». Je ne sais pas quand ni comment, mais j'avais appris que ce mot était péjoratif et que je n'avais pas à me faire ridiculiser parce que je portais des lunettes. Alors, quand quelqu'un me traitait de coq-l'œil, je tournais ma tête d'un quart de tour, dirigeais mon oreille vers le jeune en question et lui disais : « Voudrais-tu répéter, s'il te plaît ? » Et puis : Paf ! je donnais le plus violent des coups de poing sur la gueule de celui qui avait osé répéter l'injure. Après deux ou trois de ces bagarres et surtout après avoir frappé des plus grands que moi, je me suis fait une jolie réputation de boxeur... Je me suis taillé une place... Ma place dans la cour d'école. Ainsi, je n'ai plus jamais subi de railleries et de moqueries parce que je ne voyais pas.

Dans la rue, les fins de semaine, je ne pouvais participer aux jeux d'équipe, comme le baseball ou le hockey. Par contre, il y avait la lutte du mercredi soir, qui était très populaire avec les Robert, Carpentier, Baillargeon... On les imitait. On plantait des poteaux, on tendait des câbles et, à ce sport, je n'avais aucun problème à m'intégrer aux autres. Finalement, je réussissais à être heureux.

J'avais aussi beaucoup de plaisir en compagnie de mon frère Raynald. Nous étions très complices, et je me sentais en sécurité avec lui. Pour m'amuser, il prenait le *Bulletin des agriculteurs* ou d'autres revues dans lesquelles il y avait des annonces d'autos ou de tracteurs. Il y découpait les grosses voitures et les tracteurs et les collait sur des cartons. On a beaucoup joué avec ça et on a fini par posséder un grand parc d'autos. Essayez d'imaginer cela! On faisait circuler des autos qui ne présentaient qu'un devant et un côté…

Cependant, le soir quand j'étais tout seul dans mon lit, je pensais beaucoup à mon handicap. Ça me revenait constamment. Ça me fatiguait de ne pas pouvoir lire les Tintin comme les autres enfants. J'essayais bien de me faire une raison, mais ça ne marchait pas. J'en étais incapable. J'ai commencé à poser des questions. Pourquoi moi? Qu'est ce que j'avais fait pour mériter ça? Qui était coupable? C'était la faute à qui? Je n'avais pas beaucoup de réponses à mes questions. Un jour, j'ai fini par savoir que j'étais né avec cette maladie. Ce n'était même pas la faute du docteur! Je dis souvent aujourd'hui que, pour un enfant, cette réalité était aussi difficile à intégrer que d'essayer de faire entrer un ballon de plage dans un dé à coudre… Je commençais à réaliser que je n'étais pas comme tout le monde. C'était ça, l'idée que j'avais du mal à saisir: j'étais un enfant différent des autres.

CHAPITRE 3

Sur une autre planète

APRÈS AVOIR EXPLORÉ maintes et maintes fois les ressources médicales, après m'être soumis à de multiples examens, les médecins ont conclu qu'il était impossible de m'opérer et que le peu de vision que je possédais irait même en se détériorant. Le diagnostic était grave. Tout espoir de guérison ou d'amélioration venait de disparaître. Je commençais à peine à comprendre que j'étais un peu différent et il me fallait déjà qualifier cette différence. C'était une différence « permanente ». Une sentence à vie ! J'ajoutais un élément insoluble à mes réflexions d'enfant de huit ans. Moi qui croyais avoir trouvé des façons adéquates de fonctionner malgré mon handicap ! Qu'est-ce que je pouvais faire de plus ?

Un jour de fin d'été, sans prévenir, un grand monsieur avec un chapeau noir, une canne blanche et un chaffeur-guide est arrivé à la maison.

Monsieur Laliberté représentait l'INCA (Institut national canadien pour les aveugles) et s'occupait de dépister les personnes atteintes de cécité ou de graves problèmes de vision. Il leur offrait des services adaptés à leurs besoins. Ce monsieur a été la première personne aveugle que j'ai rencontrée.

Monsieur Laliberté m'a offert une montre et un jeu de cartes en braille, et m'a montré comment les utiliser. Ces objets m'ont fasciné. Le système de Louis[1] m'a également intrigué. Il a parlé un bon moment avec moi, puis il a demandé de s'entretenir avec ma mère. Je les ai entendus dire que je ne voyais plus suffisamment pour continuer à étudier dans une école régulière. Les difficultés deviendraient de plus en plus grandes et je n'arriverais plus à suivre les autres. Monsieur Laliberté s'est même dit surpris que j'aie réussi à me rendre aussi loin. Il proposa à ma mère de m'inscrire dès la rentrée dans une école pour aveugles à Montréal.

Ma mère a reçu cette offre comme une douche froide. Elle n'était ni préparée ni prête à prendre une décision aussi grave. Pensez-y! Laisser partir son petit garçon de huit ans tout seul à Montréal, le revoir à Noël, à Pâques et pendant les vacances d'été seulement. Elle était incapable de se faire à cette

---

1. Louis Braille: inventeur d'un alphabet conventionnel en points saillants qui permet aux aveugles de lire les lettres, les chiffres et les notes de musique.

idée. Elle était déchirée. Moi, de mon côté, je paniquais à l'idée de quitter la maison familiale.

Monsieur Laliberté a terminé sa conversation avec ma mère en lui expliquant que c'était son devoir de parent de me donner la chance d'étudier le braille, seul moyen efficace de lecture et d'écriture qui ouvre aux aveugles les portes du savoir.

En septembre, comme d'habitude, j'ai commencé ma troisième année à Montmagny, à l'école Saint-Thomas. Il n'avait plus été question de monsieur Laliberté et de son école spéciale à Montréal. Ouf! je pensais l'avoir échappé belle. Cependant, ce que j'ignorais, c'est que ma mère s'était accordé un moment de réflexion. Elle avait pesé le pour et le contre, en avait parlé avec plusieurs membres de la famille, dont mon grand-père Normand qui l'avait, semble-t-il, beaucoup influencée parce qu'elle avait confiance en lui. Enfin, elle prit sa décision près de trois mois plus tard. On était en novembre. Il fut convenu avec l'Institut Nazareth que je commencerais en janvier, à Montréal, pour le deuxième semestre.

Quand ma mère a pris de temps de s'asseoir pour m'informer de sa décision, il lui a fallu beaucoup de force et de courage pour affronter ma réaction. Je ne comprenais pas, je n'avais pas besoin d'aller à cette école, j'étais capable de suivre les autres en me «cassant la tête» un peu plus, j'étais même prêt à accepter les maux de tête que me créerait un trop grand effort. Je n'étais pas aveugle, j'avais peur, j'allais trop m'ennuyer d'elle et de mon frère. Je ne voulais pas partir, j'étais intraitable. Je sentais l'agressivité monter en moi. Non, je n'irais pas.

Pourtant, tous les jours, je voyais ma mère préparer mon trousseau et le placer dans la grosse valise que moi, derrière elle, je défaisais à mesure. Elle tenait son bout : elle me donnerait la chance d'avoir accès à l'instruction. Elle en avait fait une question de devoir. Et moi, je refusais de plus en plus obstinément.

Un jour, faute d'arguments rationnels, maman a fini par me dire en pleurant :

— Si tu penses que c'est plus facile pour moi... Écoute-moi ben. Si je t'envoie pas là-bas, je vais m'en vouloir toute ma vie !

Je lui ai répondu avec le cœur gros :

— O.K. ! je vas essayer.

C'est tout ce que je pouvais promettre.

C'est ainsi qu'après Noël je me suis retrouvé dans le train, avec ma mère et ma grosse valise, en route pour l'Institut Nazareth. Une fois de plus, le silence était lourd... Bien plus lourd que dans « le Mercury 48 » de mon grand-père Médée. Craignant de nouveau ma résistance, ma mère avait demandé à mon oncle Léon de nous accompagner le jour de mon entrée à l'école. Elle avait bien fait, car c'est coincé sous son bras que j'ai franchi le seuil de cette grosse école, cette grosse école sombre.

Dans la salle de récréation où nous avons été reçus, il y avait le plus beau des petits tracteurs à pédales. La religieuse, qui semblait très gentille, m'a autorisé à l'essayer. J'étais aux anges. J'ai commencé à jouer, et c'est précisément le moment que la sœur a choisi pour reconduire ma mère. Quand la religieuse est revenue, elle était seule et m'a fait descendre du petit tracteur. Elle l'a replacé et elle a ajouté d'une voix sèche :

— Touches-y pu ! Y est bien là.

J'ai alors compris pourquoi le tracteur était libre lors de mon arrivée dans une salle pourtant remplie d'élèves. J'ai cherché ma mère et elle m'a répondu sur le même ton :

— Elle est partie, ta mère !

J'étais surpris et très triste.

— Comment ça, partie ? J'y ai même pas donné de bec.

— Non. Ça évite les crises.

Je vous jure que ça n'a rien évité ! J'en ai fait une belle grosse crise.

— Hé ! tu vas aller à genoux dans le coin si t'es pas tranquille.

Comme je pleurais toujours, j'ai reçu ma première claque, ma première claque dans la figure. J'ai continué à pleurer, mais pour une autre raison.

Le lendemain matin, plusieurs garçons ont voulu faire ma connaissance. Ils se sont placés autour de moi et ont commencé à me tâter. Je levais les bras, je me débattais, je voulais qu'ils me laissent tranquille.

— Hé, le nouveau ! On veut savoir ce que t'as l'air. On voit avec nos mains, nous autres.

Quel monde bizarre ! Qu'est ce que je faisais là ? Rien ne ressemblait à rien. Puis on a désigné un élève pour me « montrer » les lieux.

— Ça c'est le dortoir, ça c'est le réfectoire, ça c'est le vestiaire.

— Qu'est-ce qu'on fait dans le réfectoire ?

— On mange.

— Ah ! c'est la cuisine !

— Non, non, la cuisine est bien plus loin que ça.

— Pis dans le dortoir, on fait quoi ? O.K., il y a des lits, on doit dormir…

Dortoir, réfectoire, vestiaire… Dortoir, réfectoire, vestiaire… J'essayais de toutes mes forces de retenir ces mots nouveaux pour ne pas me mêler. Salle de classe ! C'était le seul endroit que je connaissais et qui me rappelait l'école Saint-Thomas. Quelques jours plus tard, la sœur m'a annoncé que les élèves les plus débrouillards avaient une tâche à effectuer chaque semaine et que cette tâche changeait d'une semaine à l'autre. Certains lavaient la vaisselle, d'autres époussetaient. J'ai reçu ma première tâche. À huit ans, il me fallait nettoyer une quinzaine de cuvettes de toilettes et autant de lavabos tous les matins. La récréation qui suivait le déjeuner y passait au complet.

— Dortoir, réfectoire, vestiaire, semaine…

Dans la foulée, la religieuse m'a informé que j'allais aussi devoir m'occuper d'un garçon.

— Tous les matins en te levant, tu vas t'occuper de Louis. Tu vas faire son lit et pas n'importe comment. Tu placeras les bandes des couvertures bien droites. Tu l'aideras à s'habiller et tu attacheras ses bottines en plus de ton travail habituel. Surtout dépêche-toi parce que tu n'auras pas plus de temps que les autres.

— Dortoir, réfectoire, vestiaire, semaine, garçon…

— Dortoir, réfectoire, vestiaire, semaine, garçon, bottines, lit…

J'allais sûrement en oublier. De temps en temps, je demandais en chuchotant :

— On s'en va où ?

— Monsieur Langlois, taisez-vous.

On n'avait pas le droit de parler à table, ni dans les corridors, ni au dortoir. Je vous jure que le grand-père Médée à côté de ça, c'était de la petite bière ! Pas le droit de jouer, à part quelques minutes pendant les récréations. Pas le droit de pleurer. Pas le droit de s'ennuyer de sa mère… sinon on entendait des claques résonner derrière, devant ou sur le côté de notre tête. On était nerveux.

— Dortoir, réfectoire, vestiaire, semaine, garçon, bottines, lit, claques…

Sur quelle planète je venais d'arriver?

J'essayais bien de comprendre ce qui pouvait justifier un règlement si sévère et une attitude si hostile. Je constatais que certains gars semblaient très à l'aise tandis que d'autres, au contraire, étaient très nerveux. En ce qui me concerne, j'avais peur. Je me disais: «C'est-tu juste parce que je suis aveugle que je suis "pogné" dans une école de même? J'le prends pas! Non. J'comprends pas. Non. Ç'a pas de bon sens. »

Je sentais la révolte qui montait. En plus d'accomplir une nouvelle tâche toutes les semaines, de m'occuper d'un garçon tous les jours, de faire l'apprentissage scolaire et de suivre les cours de braille, il fallait que je me plie sans aucune explication à ce foutu règlement.

Une fois, j'ai été demandé au parloir. On parlait au parloir si je me souviens bien… Je n'avais pas souvent de visite, mais cette fois-ci ma tante Ida, une des sœurs de ma mère, était venue pour me voir. Elle aimait beaucoup les enfants, mais elle n'en avait pas. Elle m'avait apporté un magnifique cadeau. Une superbe Lincoln réduite selon une échelle de un huitième. Elle avait presque trois pieds de long! Elle était aussi belle que les plus belles que j'avais vues quand j'étais passé en vitesse devant le Père Noël de Montmagny. J'étais fou de joie. J'ai honte de le dire aujourd'hui, mais j'avais hâte que la visite se termine pour avoir la chance d'aller jouer avec ma Lincoln. Quand ma tante est repartie, je suis sorti du parloir avec fierté, mon auto sous le bras, pour me diriger vers la salle de récréation où je pourrais enfin m'amuser. J'avais regardé l'heure à ma montre braille et je savais qu'il me restait environ quarante-cinq minutes avant l'heure du souper. J'étais certain de lui faire parcourir au moins deux mille milles, à ma belle auto !

Pourtant, il ne s'était pas écoulé plus de cinq minutes que la sœur est arrivée, a pris mon auto et l'a installée sur la petite table qu'il y avait le long du mur.

— C'est beau comme décoration ! Regarde donc ça ! Tu vas la laisser là, mon petit gars.

— C'est à moi. Je l'ai eue en cadeau.

— J'ai dit ! monsieur Langlois.

Dortoir, réfectoire, vestiaire, semaine, garçon, bottines, lit, claques, parloir, Lincoln… Non, il y avait vraiment quelque chose qui m'échappait.

Le seul endroit où j'étais vraiment à l'aise, c'était dans la salle de classe. Je n'avais aucun problème sur le plan scolaire. J'apprenais bien, dans une belle atmosphère et un bon climat. Je rivalisais même avec les filles pour le premier rang. Arrivé seulement depuis janvier, je suivais, en plus du reste, des cours de braille durant quarante-cinq minutes par jour pour rattraper les autres. Elle était tellement fine, mon institutrice de braille, et le système de Louis était tellement logique que j'ai appris rapidement. J'ai découvert le bonheur de lire tout seul. Je glissais mes doigts sur une feuille, et ça me racontait une histoire. C'était fascinant.

Au pensionnat, on tentait de se faire plaisir avec des petits riens. La seule façon de s'amuser était de faire des mauvais coups. Je me rappelle les cinq gars qui se levaient durant la nuit pour aller manger des biscuits. Ils ont eu un « fun » vert, mais court. Il a duré quatre nuits. La cinquième nuit, ils se sont fait attraper et, malgré le fait qu'ils aient passé un mauvais quart d'heure, ils nous ont raconté longtemps leur expédition en riant.

Je me rappelle aussi du jour où Lalancette était resté dans la salle de jeux avec quelques garçons parce qu'il était malade. En courant, il avait accroché la grosse statue de saint Joseph, un beau saint Joseph grandeur nature tout en plâtre qui était tombé en bas de son socle. Je vais vous dire une chose : « Il n'y a pas un seul petit bout de saint Joseph qui soit resté intact. »

Le règlement du réfectoire nous obligeait à manger tout ce qu'il y avait dans notre assiette. Mais moi, de la sardine, j'étais incapable d'en manger. Par chance, j'étais assis à côté du gros Rodrigue qui, lui, mangeait absolument de tout. Je le laissais finir son plat de sardine et, mine de rien, je changeais de bol avec lui. Le plus difficile était de faire cette passe sous le nez de la sœur qui surveillait et qui, elle, y voyait très clair !

La seule chose qui aurait pu nous procurer un plaisir franc était la soirée récréative du samedi. Le gros Casseau jouait de l'accordéon-piano et la sœur organisait des petits jeux. Elle fermait les deux portes séparant le dortoir de la salle de jeux et ceux qui étaient punis ne participaient pas à la soirée. La fois où je me suis fait prendre à échanger mon bol de sardine avec le gros Rodrigue, j'ai compris que je venais de perdre mon samedi soir. Ce ne fut pas le seul !

C'est vrai que je parlais beaucoup, même à cette époque ! Comme il était toujours interdit de parler dans cette école, ça m'a sans doute coûté plusieurs samedis soirs.

Une fois, j'ai vraiment fait ce qu'il fallait pour être puni. Il y avait un kiosque en arrière de l'école et, quand il faisait chaud au printemps et à l'automne, on prenait nos repas à l'extérieur. On avait une voiturette qui servait à transporter les gros plateaux de nourriture entre la cuisine et le kiosque. Un vendredi après-midi, je suis chargé d'aller chercher la voiturette. À la porte de la cuisine, l'odeur ne me trompe pas : ce sont des sardines. Au kiosque, les places avaient été changées et j'avais perdu mon gros Rodrigue. J'avais un grave problème… Si je me souvenais bien, le gars assis à côté de moi n'aimait pas les sardines lui non plus. J'ai décidé de renverser le chariot. J'ai commencé à virevolter d'un bord et de l'autre. Il ne voulait pas verser. N'écoutant que mon courage, j'ai placé les roues de travers, j'ai pris la poignée et j'ai soulevé. Tout a basculé et la première chose que j'ai entendue à travers le bing bang des boîtes de sardines, c'est la religieuse qui a dit :

— Bien, monsieur Langlois, vous êtes content, vous avez fini par réussir.

J'allais encore partager mes activités du samedi soir avec Maurice Richard grâce à ma radio transistor cachée sous mon oreiller au dortoir.

Par bonheur, de temps en temps, j'allais en visite chez mon oncle Robert quand j'en avais la permission. J'étais tellement heureux ! Le vendredi soir, je mangeais à en être malade. J'avalais la même quantité qu'un adulte. Je jouais, je parlais, je riais. Cependant, le dimanche midi, la hantise de retourner au pensionnat apparaissait. Je ne parlais plus, ne riais plus, ne mangeais plus et une révolte sourde, muette et paralysante, prenait toute la place. Je ne me permettais pas de me plaindre à ma famille de ce que je vivais parce que j'avais trop peur des réprimandes à mon retour au pensionnat. Je n'avais donc pas d'autre choix que de traverser l'enfer. J'avais promis à ma mère d'essayer.

CHAPITRE 4

Ma révolte

À L'ÂGE DE DIX ANS, comme c'était la coutume, on séparait les filles des garçons. J'ai alors changé d'institution et je suis devenu élève à l'Institut Louis-Braille. Étant précédé par ma réputation de forte tête acquise je ne sais trop comment, j'ai été convoqué au bureau du supérieur dès le lendemain de mon arrivée. On n'avait pas perdu de temps. Un énorme père, à la voix forte et impressionnante, m'a bien averti.

— On est des hommes ici, mon garçon, et on va te casser, nous autres.

Quand j'ai entendu ces paroles, toute la domination vécue à Nazareth a refait surface. Je l'ai regardé du haut de mes dix ans et lui ai répondu :

— Non, non, j'pense pas que vous allez m'casser, vous.

En revenant à la salle de récréation, une seule idée m'envahissait. Je me battrais, je ne me laisserais pas faire. Non, il ne casserait rien en moi.

Pour une rentrée, c'en était toute une! L'année débutait bien mal et, au cas où…, je me suis fait très vite accepter par les plus grands. J'avais appris ce que c'était de vivre dans une institution. Je mangeais désormais dans un réfectoire, je dormais dans un dortoir, je parlais dans un parloir… et ailleurs aussi. J'étais aussi plus vieux et plus endurci. J'avais compris que je ne pouvais pas éviter le règlement dur et sévère des pensionnats. Mais j'avais aussi saisi que respecter ledit règlement pouvait signifier me faire «casser». Je n'ai pas voulu accepter cela. Alors, le règlement, je l'ai plié, je l'ai placé dans ma poche arrière et j'ai cousu la poche. J'ai parlé, j'ai fait des mauvais coups, des fugues… J'ai tout fait. Cependant, j'étais prêt à assumer les conséquences de mes gestes. Au moins, j'avais de bonnes raisons de me faire punir. Je me suis dit: vous voulez la bagarre, mes frères, vous allez l'avoir. C'est ce qui s'est passé. J'étais là pour m'instruire, et c'était la seule école où je pouvais y arriver en tant qu'aveugle. Donc, je faisais ce qu'il fallait pour apprendre, mais pour ce qui était du reste… Je ne comprenais pas pourquoi je devais endurer un traitement aussi dur.

Je n'avais toujours pas de problème sur le plan scolaire. J'étais curieux et je ne voulais surtout pas redoubler une année, ce qui aurait voulu dire prolonger mon séjour à l'institut. Pas question. N'ayant pas recommencé d'année et n'ayant pas perdu de temps à la suite d'opérations aux yeux, j'étais toujours le plus jeune de ma classe d'un an ou deux, si bien que j'ai été le premier, selon les annales de l'institut, à terminer mon secondaire à seize ans, c'est-à-dire dans les délais normaux. Pendant les cours, ce qui me venait spontanément, c'était des remarques drôles sur ce que les professeurs disaient ou sur ce que les élèves faisaient. Comme je parlais plus souvent qu'à mon tour, les avis disciplinaires avaient tendance à s'accumuler. Voulant quand même limi-ter les dégâts, j'affichais une espèce de petit sourire ou un visage bizarre qui faisait dire aux enseignants :

— Qu'est-ce qu'il y a, monsieur Langlois ?

Je leur répondais :

— J'en aurais une bonne à vous raconter. Franchement, est ben bonne, mais j'peux pas.

Alors les frères m'accordaient trente secondes pour écouter ma bonne blague et le cours se poursuivait. Je commençais déjà à développer mon sens de la répartie et mon talent d'humoriste. Socialement parlant, j'étais un gars de groupe. Je n'arrivais pas à développer de relation exclusive avec un nombre limité de personnes. J'avais bien trop peur que quelqu'un découvre une faille dans la révolte qui me servait à carapace. De quoi pouvais-je bien me protéger ? N'était-ce pas le refus d'être ébranlé dans mes convictions? La rage protégeait mes convictions et je ne voulais pas être apprivoisé. Au collège, je faisais trois choses : j'étudiais, je pratiquais des sports et je faisais des mauvais coups. C'est à travers les sports que je me suis le plus développé et défoulé.

Nous avions adapté une façon de jouer au hockey sur glace en remplaçant la rondelle par une boîte de conserve et nous pratiquions le hockey intérieur en accrochant à la rondelle une boule contenant des grelots. Dans ces deux sports, les gardiens de buts criaient et on se repérait au son. Le gymnase était très bien équipé : un cheval sautoir, des barres parallèles et des barres fixes sur lesquelles un professeur nous faisait exécuter des mouvements de gymnastique. Il avait aussi une piscine et le prof, qui était également instructeur de la Croix-Rouge, nous apprenait à nager, puis il y avait surtout la salle des poids et haltères. Quelques gros gars s'y entraînaient et ils m'initièrent à ce sport. Quand l'animal sauvage que j'étais ressentait trop de rage et de frustration, c'est à cet endroit qu'il se défonçait. Dans ces moments-là, je pouvais placer jusqu'à 180 livres de poids sur la barre et c'est elle que je projetais dans les airs au lieu de m'en prendre physiquement au frère Laurent. Dans les sports, je me défoulais, je performais.

Même si, pendant plusieurs années consécutives, j'ai été le meilleur marqueur au hockey intérieur, je n'ai jamais reçu de trophée, à cause de ma guerre ouverte avec la direction. Quand ils se sont aperçu que j'étais le meilleur marqueur, ils ont changé le nom du trophée qui est devenu celui du joueur le plus utile à son équipe. De cette façon, ils pouvaient remettre le trophée à quelqu'un d'autre et je n'avais rien à dire. Pourtant, c'était moi le meilleur marqueur. Le seul trophée que j'ai reçu pendant mon séjour de sept ans à ce pensionnat a été un trophée de baseball. Cette fois-là, ils ne pouvaient pas passer à côté... Et pour cause, j'avais inventé une nouvelle façon de jouer avec mon copain Denis Saumur ! De plus, je terminais mon secondaire et je quittais l'institut l'année suivante. Ce trophée de baseball n'avait pas beaucoup d'importance à Montmagny ! C'est avec mes amis de Louis-Braille que j'aurais voulu le partager et qu'il aurait pris tout son sens.

Finalement, moi qui étais convaincu qu'un règlement et une attitude aussi sévères ne pouvaient se justifier du seul fait qu'on était aveugles et qu'on devait étudier dans une école spécialisée, je n'ai jamais regretté d'avoir livré ma guerre ouverte. Ne sachant pas ce qui se passait dans les autres pensionnats, j'expliquais tout par ma cécité. Semble-t-il que les mêmes règlements existaient dans les autres internats... Si j'avais su, j'aurais créé le premier Front commun de revendications des adolescents contestataires du secondaire : le FCRACS !

Si les gens qui s'occupaient de nous avaient été un petit peu moins butés, un petit peu moins autoritaires et un petit peu plus pédagogues, ils auraient obtenu des résultats beaucoup plus intéressants.

Être adolescent, ce n'est pas facile. Être adolescent aveugle, ce n'est pas vivable. Être adolescent aveugle et confronté à un système aussi répressif, c'est tout simplement inacceptable. Si quelqu'un m'avait confié des responsabilités, m'avait fait participer à un projet, m'avait expliqué le sens des règlements et leurs conséquences, avait tenté de canaliser mon énergie et ma révolte contre ma condition d'aveugle, ma vie aurait été plus facile et agréable.

D'ailleurs, c'est ce qui est finalement arrivé. Un moniteur qui possédait une vaste expérience du scoutisme a décidé de fonder une troupe à l'institut. Une troupe de scouts aveugles ! On y trouvait des aveugles et des demi-voyants. J'ai été parmi les premiers à être sollicités. Cependant, le supérieur s'est opposé à ma candidature. Encore la guerre ouverte… L'année suivante, le moniteur a insisté et je suis devenu scout. Pourtant, dans le scoutisme, il y avait des règlements et de la spiritualité. C'est drôle parce que j'ai accepté les deux. J'avais consenti librement et en toute connaissance de cause à faire partie du mouvement. Au fond le règlement pour le règlement, je ne comprenais pas ça, mais un règlement qui avait une raison d'exister, ça je pouvais le comprendre, l'accepter et le respecter. Mais il y avait plus que ça. Lors de nos camps d'été, on coupait de vrais arbres avec de vraies haches, on apprenait à faire nos lits avec des cordages selon les mêmes techniques que tous les autres scouts. On faisait aussi des compétitions sportives contre les troupes de scouts voyants, et on les battait! On vivait comme tout le monde. J'ai aimé la philosophie qu'on y prônait et les valeurs qui s'en dégageaient: l'honnêteté, le service, le partage, la débrouillardise. Un scout, ce n'est jamais mal pris. Un bout de corde, un canif, et voilà, on peut toujours se débrouiller. Les deux semaines de camp d'été, peu après la fin de l'année scolaire, étaient les plus belles de mes vacances. Un été, nous avons campé tout près de Québec. Un membre de la famille d'un scout connaissait une journaliste du *Soleil*. On était à installer notre campement. Gagnon, qui ne voyait rien, était grimpé dans un arbre, le plus haut possible, comme à son habitude. Un deuxième scout bûchait un érable, un troisième creusait une fosse, un autre enfin faisait des nœuds. Un vrai branle-bas de combat, une activité fébrile. On entendit passer une auto qui ralentissait, continuait tranquillement, puis repassait. Après la quatrième fois, on a demandé aux deux passagers s'ils cherchaient quelque chose. La passagère et le photographe nous ont dit qu'ils cherchaient une troupe de scouts aveugles. Un des gars lui a répondu:

— C'est nous autres, madame ! Celui qui bûche, celui qui est dans l'arbre et tous les autres ne voient pas ou voient très peu.

La journaliste nous a regardés agir, a pris des photos et nous a posé plusieurs questions. Le lendemain, on a acheté le journal : un article assez long était consacré à notre troupe. Je me souviens encore de la fin de cet article qui disait : « Nous ne sommes pas loin du jour où les sourds entendront, les muets parleront, mais déjà les aveugles voient. » Y avait-il eu un miracle de la bonne sainte Anne ?

Après le camp scout, je suis retourné à Montmagny dans ma famille. La nourriture était tellement plus délicieuse qu'à l'institut ! Et il n'y avait pas de règlement… Je pouvais regarder la télé, mais je me sentais très fortement exclu. Les amis de mon frère refusaient de m'accepter. Heureusement, il y avait mon cousin Jocelyn. J'avais du plaisir avec lui et ses amis. Je participais aux travaux de la ferme et je m'amusais avec eux. Dommage que Jocelyn habitait à Saint-Pierre, à environ cinq milles du village. Je ne pouvais pas être là bien souvent.

Pour me rendre chez lui, j'avais appris à faire de la bicyclette. Ça énervait beaucoup de monde ! Pourtant, j'utilisais le peu de vision que j'avais pour discerner la différence de couleur entre l'asphalte et l'accotement de la route. Ayant l'ouïe très développée, j'entendais les autos bien avant de les voir. Je choisissais mon parcours, j'évitais les heures des «travaillants». En plein milieu de la matinée ou de l'après-midi, je pouvais rencontrer seulement deux ou trois autos sur la route menant à Saint-Pierre. Voyons donc! Ce n'était pas si dangereux que ça. La première fois que je suis allé chez Jocelyn, j'avais emprunté, pardon, presque volé la bicyclette de mon frère. J'entends encore ma tante Monique me dire, en me voyant arriver :

— Qu'est-ce que tu fais icitte ?

— J'viens faire un tour.

— Ta mère le sait-tu ?

— Euh ! non…

— Comment t'es monté ?

— En bicycle.

— Comment t'as fait ?

— J'ai pédalé, pis j'ai écouté les autos comme il faut, pis j'me suis rendu, pas de trouble.

— Ta mère le sait pas !

— Non, mais j'avais pensé que tu pourrais l'appeler, ma tante, pour lui dire.

— Comment tu vas redescendre ?

— C'est sûr que j'vas revenir avant la noirceur parce que le soir j'trouverai pas la route. Mais si j'descends avant, j'vas être correct.

Après avoir écouté mes explications, Monique a téléphoné à ma mère. Elle lui a raconté sa surprise quand elle m'avait vu arriver et elle lui a raconté tout ce que je lui avais dit. Elle a ajouté :

— Ç'a l'air qu'y est capable.

Après l'avoir écoutée, ma mère a dit une phrase très significative :

— T'sais Monique, c'est lui qui sait ben plus que les autres c'qu'y peut faire. J'pense qu'y faut lui faire confiance un peu. À part ça, il faut qu'il vive comme tout le monde. J'peux quand même pas l'attacher après la patte du poêle !

C'est vrai que je voulais être comme tout le monde. J'ai toujours voulu ça et pensé comme ça. Ma mère avait tout compris. Elle maîtrisait ses inquiétudes et ses propres peurs, encore une fois, pour me permettre d'essayer tout ce que je me croyais capable de faire.

Quand je revenais à la maison, tout ce qui me restait comme loisir était l'accordéon-piano que mon oncle Marcel m'avait déniché. Contrairement à ce que ma mère avait imaginé, je n'étais pas destiné à une carrière de virtuose ! Après trois ans d'efforts, tout ce que je pouvais jouer, c'était « L'eau vive » et « Le petit voilier ».

Heureusement, j'avais les amis de mon frère Jacques, de quatre ans mon cadet. J'avais initié tout le monde au baseball adapté et je les épuisais tous. Un qui était souvent dérangé, c'était notre voisin, monsieur Boulanger. J'avertissais tous les jeunes de faire bien attention pour ne pas envoyer le ballon dans son jardin. Cependant, quand arrivait mon tour de frapper, j'expédiais — chaque fois — le fameux ballon en plein milieu de ses betteraves et de ses beaux plants de tomates. Dieu merci, il était très patient. Après les parties de balle suivaient les jeux appris chez les scouts, la baignade, la bicyclette et tout autre jeu que je pouvais imaginer. Mes amis étaient tous morts de fatigue !

Les jours de pluie, on sortait le jeu de Monopoly. Cette fois, je jouais avec les plus grands, c'est-à-dire mon frère Raynald et ses amis. J'avais mémorisé le jeu au complet : l'emplacement des avenues, des compagnies, je savais où je bâtissais mes maisons, je connaissais tous les terrains qui m'appartenaient. Je maîtrisais toutes les stratégies.

Alors qu'il n'y avait pas de règlement, que j'étais libre, que j'occupais mes journées à jouer, je ne me sentais pourtant pas mieux. Je commençais à me poser des questions et à me demander si mon handicap n'était pas mon seul vrai problème...

À travers mes luttes, je crois que j'exprimais un sentiment beaucoup plus profond, celui de ma révolte d'être aveugle et de ne pouvoir vivre comme tout le monde.

Un jour, peu de temps après mon retour au pensionnat, Denis Saumur, un gars de la Gatineau, une espèce de génie atteint d'une maladie très grave, s'est risqué :

— Langlois, est-ce que je peux te poser une question ?

— Oui.

— Tu te choqueras pas ?

— Ça dépend de ta question.

— O.K., je prends une chance. T'acceptes pas ton handicap, hein, toi ?

— Es-tu fou ? Penses-tu que j'vas accepter ça ?

— Je comprends. Mais de ne pas accepter, est-ce que ça te fait voir plus clair ?

— Ben non, voyons !

— Pis de ne pas accepter ton handicap, ça te rend-tu plus heureux ?

— Sûrement pas !

— Ben, qu'est-ce que ça te donne d'abord ?

J'ai continué la réflexion que j'avais amorcée à Montmagny et j'ai compris que j'aurais avantage à mettre l'accent sur mes capacités plutôt que de continuer à me battre contre des moulins à vent.

Saumur avait mis le doigt sur mon vrai problème et il m'avait rendu un fier service. Quand je pense qu'il m'avait fallu sept ans de révolte pour comprendre ça !

CHAPITRE 5

Un travail de pionnier

AU PENSIONNAT, à la fin de mes études secondaires, comme tous les autres finissants j'ai rencontré un conseiller en orientation qui m'a fait passer des tests d'aptitudes, d'habiletés, afin de déceler mes goûts. Pour ceux qui aimaient la musique et jouaient bien d'un instrument, pour ceux qui avaient l'oreille assez juste pour accorder des pianos, pour ceux qui voulaient travailler à la manufacture de balais de la rue Beaubien, la question était vite réglée. C'était loin d'être mon cas. Je n'avais aucune idée de ce que j'allais faire dans la vie. Alors que le conseiller faisait son travail, je le regardais. J'essayais de voir comment et pourquoi il le faisait. Et puis j'ai eu un « flash » incroyable : j'étais certain que je pourrais et aimerais faire ce travail-là. Mon problème de vision ne serait pas un obstacle infranchissable.

J'étais très soulagé d'avoir trouvé ce que je voulais faire. Ce qui était le plus important pour moi, à cette époque, c'était de vivre une vie normale malgré ma cécité. Pour y parvenir, je devais avoir un emploi, le meilleur possible. Toutefois, pour faire ce métier, il fallait étudier à l'université. Quelques aveugles s'y étaient déjà risqués, mais il restait un sacré travail d'insertion à effectuer. Qu'importe ! J'étais décidé à traverser toutes les épreuves. Dans ma tête, la cécité ne pouvait m'empêcher de trouver un travail qui me conviendrait.

D'ailleurs, je n'étais pas le seul qui voulait poursuivre ses études. En 1967, deux collègues et moi avons envoyé une demande d'admission à plusieurs institutions. Seule l'Université d'Ottawa a accepté notre demande. Il fallait beaucoup de détermination parce que des aveugles, au niveau des études supérieures, c'était comme des chiens dans un jeu de quilles. L'université n'était ni adaptée aux handicapés visuels ni désireuse de le devenir. Pour étudier, il fallait lire et écrire de façon conventionnelle. Je ne pouvais ni lire ni relire ce que j'écrivais sans recourir au braille. Je réussissais, par contre, à me servir des claviers des machines à écrire conventionnelles. Pour éviter que le choc de notre entrée à l'université ne soit trop brutal et diminuer les difficultés d'adaptation, nous avons demandé au directeur des études de Louis-Braille la permission de travailler avec des magnétophones et des machines à écrire. Croyez-le ou non, cette autorisation nous a été refusée. Nous aurions voulu également rencontrer certains des étudiants aveugles qui nous avaient précédés à l'université et qui auraient pu nous conseiller et nous empêcher de refaire les erreurs qu'eux-mêmes avaient commises. Mais aux yeux de notre cher directeur, ce n'était pas nécessaire. On serait donc obligés, à notre tour, de réinventer la roue. Quel paradoxe ! Même les membres de ma famille me disaient :

— Tu seras ben jamais capable.

Mon orgueil était blessé. Les mots « pas capable », je les avais entendus tellement souvent et depuis si longtemps que je n'étais... plus capable, justement, de les entendre. Si je les avais écoutés, ça aurait signifié pour moi d'aller fabriquer des balais ou de revenir me bercer sur la galerie à Montmagny. Je n'avais pas enduré toutes ces difficultés pendant huit ans et demi au pensionnat pour revenir m'asseoir chez nous.

Monsieur Laliberté m'avait fait comprendre que je pourrais avoir accès au savoir. Moi, j'étais plus que jamais d'accord avec lui. Le fait que les gens ne croyaient pas en moi réveillait mon goût du défi. Ainsi, au lieu de me décourager, l'attitude du directeur m'a stimulé. Je me suis dit : « Vous allez voir ce que vous allez voir. »

C'est ainsi que je suis arrivé à Ottawa avec armes et bagages : gros magnétophone à bobines, machine à écrire, tablette et machine à écrire braille dans une main, ainsi que la plus petite canne blanche possible dans l'autre. Ce qu'il y a de pratique avec une canne, c'est qu'on peut toujours la plier et faire disparaître sa cécité dans sa poche. Les questions que Saumur m'avait posées avaient contribué à approfondir ma réflexion. J'avais fait de grands pas… Mais de là à accepter que tout le monde voie que j'étais aveugle, il y avait un autre très grand pas à franchir.

Je devais alors inventer et roder un système de fonctionnement. Il me fallait recruter des lecteurs bénévoles, leur apprendre à utiliser mes appareils et à lire mes livres. Par exemple, il était très important d'indiquer la pagination pour me permettre d'extraire une citation, de lire les notes en bas de page au moment où elles apparaissent pour que j'en comprenne bien le sens. Il fallait surtout expliquer à mes lecteurs que lire pendant quinze minutes pour ensuite me raconter leurs problèmes pendant une heure ne m'avançait pas tellement dans mes travaux. Il me fallait aussi utiliser efficacement mon sens de l'orientation, car je devais me déplacer d'un bout à l'autre de la ville pour aller porter le magnétophone et les bobines à ceux qui m'aidaient.

Pour écrire, j'utilisais la machine conventionnelle doublée d'une machine à écrire braille. On était très loin de la technologie actuelle avec les ordinateurs à clavier braille et à synthèse vocale. Au début, j'enregistrais tous les cours et je les réécoutais le soir. Cela s'avérait une perte de temps considérable et du temps superflu, je n'en avais pas. Très vite, j'ai dû remplacer l'enregistrement par une écoute très attentive et développer un esprit de synthèse qui me permette de saisir l'essentiel de ce que le professeur enseignait. Je prenais des notes à l'aide d'une tablette braille sous laquelle j'avais ajouté une plaque recouverte de tissu mousse pour éviter que le bruit du poinçon martelant la tablette ne dérange les professeurs et les étudiants. Je notais les mots clés. Je résumais, en une dizaine de phrases, l'essentiel du cours, ce qui facilitait mon travail de révision.

On nous avait permis de passer les examens oralement. C'était très exigeant et énervant. Le prof posait une question et on avait bien peu de temps pour répondre de façon réfléchie et structurée. Si la réponse ne venait pas rapidement et sans hésitation, celui-ci concluait qu'on ne la connaissait pas. Il m'est arrivé fréquemment de demander au professeur de sortir du bureau quelques instants afin de me permettre de réfléchir, d'enregistrer ma réponse et de la parfaire avant de la lui donner, exactement comme à l'écrit. Comme on avait de bonnes notes, certains étudiants prétendaient qu'il était plus facile de passer les tests oralement. Une des filles qui clamait cette affirmation haut et fort a dû passer un examen oral parce qu'elle était malade lors de l'examen écrit. Quand elle est sortie du bureau, elle était en larmes. Elle avait trouvé l'épreuve extrêmement pénible et stressante et avait échoué.

Il ne fallait pas qu'il nous arrive trop d'imprévus parce que nous étions obligés de trouver du temps en empiétant directement sur nos heures de sommeil. Mais même en étudiant le jour et le soir, nous manquions encore de temps. Une nuit, j'ai tapé un travail à la machine conventionnelle. Au matin, j'ai demandé à mon voisin de vérifier si toutes les pages de mon travail se suivaient, si elles étaient toutes placées et agrafées dans le bon sens. Le gars m'a répondu :

— C'est sûrement une farce que tu m'fais parce que ce que tu m'demandes de vérifier, ce sont toutes des feuilles blanches !

Les prévisions de l'hôpital Saint-Sacrement s'avéraient exactes. Le peu de vision que j'avais commençait à se détériorer sérieusement. Dans ma course contre la montre, je ne m'en étais même pas aperçu. Quelqu'un était venu dans chambre, avait touché à ma machine à écrire et l'avait placée par mégarde en position « stencil ». J'avais donc passé une nuit blanche à écrire trente-deux pages sans me me rendre compte qu'elles étaient restées parfaitement blanches. Cette fois-là, j'ai pleuré. C'en était trop. Cependant, en regardant bien mon horaire, j'ai réalisé qu'en séchant un cours le lendemain j'aurais probablement le temps de recommencer mon travail en catastrophe et de le remettre dans les délais prévus. Fallait-il que ce soit toujours aussi difficile ?

Mon insertion dans le tissu social de l'université a été quasi inexistante. Je vous jure que ce n'est pas faute d'avoir essayé. Participer à des compétitions de ballon-balai interfacultés ? J'ai essayé. Assister à des débats ou encore apporter des commentaires intelligents après le visionnement d'un film étranger sous-titré en français ? J'ai essayé. Avoir du plaisir dans les soirées de danse alors que la musique est si forte que vous n'entendez pas plus que vous ne voyez ? J'ai essayé. Trouver des personnes avec qui vous auriez des affinités quand vous ne pouvez même pas les reconnaître parce que le groupe varie d'un cours à l'autre tant les étudiants sont nombreux ? J'ai essayé. Développer des relations amoureuses tout en sachant que les filles ont l'embarras du choix ? J'ai essayé. J'ai failli être un membre régulier de l'équipe de football, étant donné mes cinq pieds dix pouces, mes deux cent dix livres et ma grande combativité. L'entraîneur m'assurait que je serais un très bon joueur. Cependant, ma cécité ne l'a pas permis.

Tandis que les autres étudiants se défoulaient et se ressourçaient dans diverses activités sociales, deux collègues et moi avions formé, pour nous détendre, un « club de 500 ». À nous trois s'étaient ajoutés de nouveaux amis aveugles. On jouait aux cartes, du samedi soir jusqu'au dimanche matin, entre nous. C'était notre seule activité parascolaire. Il faut dire que ce qui nous a aidés le plus, mes deux « chums » du secondaire et moi, c'est que nous n'avons jamais été découragés tous les trois le même jour. Dans les pires moments — et croyez-moi, il y en a eu — c'est ce qui nous a sauvés.

Après quatre ans d'efforts et de détermination, j'ai enfin obtenu mon fameux baccalauréat. J'avais montré que j'étais « capable », contrairement à ce qu'on avait pensé, et j'en étais très fier. Pensez-y : un bac… un vrai bac… la plus grosse étape était franchie avec succès. Il ne me restait plus qu'une année de spécialisation avant de devenir conseiller en orientation. Je touchais au but et j'allais réaliser mon rêve. Je crois que monsieur Laliberté et même Louis Braille auraient été fiers de moi. Mais que dire de ma mère ! Sans sa force et sa détermination à elle, qui m'avait envoyé à l'Institut Nazareth à l'âge de huit ans, je n'aurais jamais pu vivre un tel instant. Un gros merci, maman !

C'est avec mon diplôme sous le bras que je suis arrivé à Montmagny pour les vacances d'été. Inutile de vous dire que j'avais hâte de montrer mon trophée. Je ne me suis pas privé de le faire. J'en étais sûrement un peu pénible. Par contre, j'avais laissé le plus gros de mon énergie et une partie de ma vision à la Faculté des lettres de l'« Adversité » d'Ottawa. J'avais donc besoin de refaire le plein. À vingt-deux ans, grâce à quelques nuits de dix heures, aux petits soins de ma mère, à la bonne bouffe et au grand air, j'ai retrouvé, en une semaine, toute ma bougeotte. Mais bouger avec qui? Mon frère, mon cousin et les quelques amis qui me restaient à Montmagny travaillaient tous pendant l'été. J'aurais bien aimé faire la même chose qu'eux, mais il n'y avait aucun employeur qui voulait m'engager. Heureusement, je bénéficiais d'une bourse d'études suffisante pour vivre décemment. Je commençais déjà à m'ennuyer. J'ai donc repris mon accordéon-piano et je me suis mis à réapprendre « L'eau vive » et « Le petit voilier » qui avaient rouillé pendant l'année. J'ai ajouté à mon répertoire une chanson qui s'appelait « Marin ». Décidément, il y avait de l'eau dans ma musique. Est-ce que la mer m'attirait, par hasard?

Heureusement, un personnage hors du commun ajouta de la couleur au gris foncé de mon été. C'était le frère de ma mère, mon oncle Léo. « Mononcle » Léo était le seul à avoir la délicatesse de venir me chercher à la maison pour aller visiter ses amis, pour passer des journées à son chalet et pour participer à des soirées folkloriques. Il n'était pourtant pas obligé. Tant de générosité à mon égard m'a beaucoup touché. Le temps des vacances m'est apparu un peu plus court grâce à lui, parce que la faible vision que j'avais se détériorait de plus en plus. Il ne me restait que la perception lumineuse et ce n'était plus suffisant pour faire les activités des étés précédents. Plus question d'aller à vélo ni de jouer au billard ou de sortir sans ma canne blanche, à laquelle je ne m'habituais jamais et qui me semblait de plus en plus lourde.

Enfin, septembre revint. J'avais hâte de retourner à Ottawa, mais cette fois-ci à la Faculté d'éducation. J'avais été obligé de m'inscrire au programme de formation des maîtres, étant donné qu'en Ontario l'orientation professionnelle était une des spécialisations de l'enseignement. Ce cours comprenait deux volets : l'apprentissage théorique et un stage pratique dans une école. J'entrepris cette année-là, en toute confiance, sans aucune appréhension. Le système que j'avais mis en place avait fait ses preuves et, à cause de la concentration des cours, les étudiants étaient moins nombreux et les lieux, plus restreints. Dès les premières semaines, j'ai constaté que les cours me convenaient. J'aimais ce que j'étudiais, je comprenais bien et j'obtenais déjà des résultats au-dessus de la moyenne.

Plus que jamais, je me sentais à ma place. Je ne m'étais donc pas trompé dans mon choix de carrière, quatre ans auparavant. De plus, à cause de l'éclosion des polyvalentes, on était tous assurés d'un emploi. Je touchais au but, au vrai but. Je jubilais à l'idée d'avoir un travail, une vie normale !

Au retour des vacances de Noël débutaient les stages pratiques dans les écoles. Or aucune école de la région d'Ottawa n'a voulu m'accepter à cause de ma cécité. Sans ce stage, mon cours serait incomplet. Je ne pourrais recevoir de diplôme. Mon professeur en orientation a protesté. En quoi cela aurait-il pu nuire à l'Ontario que je devienne orienteur au Québec? Avec moi, il a plaidé ma cause auprès du doyen de la Faculté qui, sous des apparences de justice, s'en est lavé les mains. Je me souviens très bien que, à bout d'arguments, je lui ai dit :

— Écrivez n'importe quoi! Malade, absent, enceinte... Mettez ce que vous voulez... mais donnez-moi une note, s'il vous plaît!

Il m'a répondu :

— Monsieur Langlois, je ne peux pas. Ce ne serait pas équitable.

Pas équitable pour qui? Où était l'équité pour moi? Comme à cette époque, en 1972, il n'y avait pas de charte interdisant la discrimination en fonction du handicap, je n'avais aucun recours légal. J'avais pioché pendant cinq ans pour en arriver là.

Ce fut ma première vraie rencontre avec la discrimination. «Join the club, my friend.» J'étais désabusé, découragé. Qu'est-ce que j'allais faire maintenant? Je ne le savais pas du tout. Je ne savais même pas comment j'allais réagir. Cette fois, on m'avait cassé, j'étais en mille miettes, complètement démoli après m'être rendu si près du but. Je ne pouvais pas croire que toute ma vie, tous mes espoirs basculeraient de façon aussi stupide. Je vivais un véritable cauchemar!

Maison et ferme familiales des Langlois,
où Michel est venu au monde.

Rita Normand et André Langlois, la mère
et le père de Michel, lors de leur mariage.

La mère de Michel.

M. et Mme Langlois en voyage de noces à Montréal,
accompagnés de la tante Yvette.

De gauche à droite, Raynald et Michel,
accompagnés de leurs parents.

« Voiture à lait »
de la famille Langlois.

De gauche à droite : Raynald
(5 ans) et Michel (3 ans).

À l'âge de 6 ans
(Photo: F. A. Leclaire).

À l'âge de 16 ans
(Photo: Institut Louis-Braille).

Chez les scouts.

Avec son 2e bouvier
bernois Hansel.

Le conférencier
et son fidèle
compagnon.

Michel en voilier sur le lac Maskinongé avec Serge Rivest.

Au trapèze.

Le golfeur.

Lors du championnat de ski alpin de 1982.

Avant d'effectuer son saut en parachute.

Saut en parachute avec son instructeur Laval Perron.

CHAPITRE 6

Une victoire historique

OMPLÈTEMENT ÉPUISÉ, complètement défait et démoli, je reviens à Montmagny. La rage m'habite et prend toute la place en moi. Je ne suis même plus capable de penser. Je ne m'explique pas ce qui est arrivé, je ne veux pas l'admettre. Je sais seulement que le rêve que je touchais du bout des doigts est complètement disparu. Je finissais mon cours, je faisais une demande d'emploi, j'en obtenais un et, l'année suivante, je travaillais. Tout cela était balayé du revers de la main. Tous mes efforts avaient été vains. Je ne voyais absolument plus quel sens donner à ma vie. Je ne savais plus où j'allais. J'étais comme un boxeur K.-O.

Un bac ès arts, concentration psycho, m'apparaissait maintenant aussi utile qu'un doctorat en sexologie chez les maringouins du troisième âge.

Pour me rebâtir, il me fallait procéder par étapes, la première étant de me donner le temps de récupérer et de me refaire une santé. Après, on verrait bien...

Lentement, très lentement, j'ai refait surface. Plus je revenais à moi, plus je me rendais compte que Montmagny était une trop petite ville pour un gars atteint d'un handicap comme le mien et pour les ambitions que je nourrissais de nouveau. Sans voiture, le territoire paraissait encore plus vaste. Les possibilités d'emploi étaient quasi inexistantes et, socialement, la solitude se réinstallait. J'ai compris assez rapidement qu'il n'existait aucun avenir pour moi à Montmagny, qui était trop éloignée des grands centres. Seul le désir de vivre me poussait avec une force incroyable. J'ai donc décidé de revenir à Montréal. Une fois encore, ma mère m'a reconduit à l'autobus et, en me serrant très fort, elle m'a dit :

— Si c'est ça qu'tu penses, vas-y. Mais si ça marche pas en ville, r'viens-t'en ici. T'auras toujours ta place.

— Merci ben, m'man. Tu vas voir, ça va marcher. J't'ai compris, pis j'oublierai pas.

Je désirais d'abord renouer avec les aveugles que j'avais connus. C'est ce que j'ai fait.

Or, peu de temps après mon arrivée, j'ai entendu dire que l'INCA recherchait des aveugles diplômés pour combler des postes. J'avais un bac, dûment complété et réussi, j'étais aveugle, il n'y avait aucun doute. J'ai postulé et obtenu l'emploi : il s'agissait d'un poste d'administrateur régional, qui consistait à offrir les services de l'INCA dans la région du Saguenay–Lac-Saint-Jean. Quel hasard ! J'allais exercer le même travail que M. Laliberté. Je me trouvais chanceux d'avoir obtenu cet emploi permanent en si peu de temps. Je me félicitais d'avoir pris la décision de quitter Montmagny et j'étais enthousiasmé à l'idée d'avoir un nouveau défi à relever.

Après quelques semaines de stage à Montréal, j'étais tout à fait prêt à commencer mon nouveau travail à Chicoutimi. Je connaissais les différents services que j'avais à offrir et les personnes-ressources sur qui je pouvais compter pour obtenir les appareils spécialisés ainsi que les objets et les livres sonores ou en braille.

Dès mon arrivée à Chicoutimi, j'ai commencé à travailler. J'ai distribué quelques montres et quelques jeux de cartes en braille de même que quelques cannes blanches ; j'ai aussi rencontré quelques personnes de l'Alcan qui avaient récemment perdu la vue. J'accomplissais le même travail qui avait été fait auparavant mais, assez vite, je me suis aperçu que mon manque d'expérience m'empêchait d'élaborer un programme gratifiant et plus intéressant. Je n'étais pas tellement stimulé par mon emploi et encore moins par ma vie sociale. Je n'avais pas de compagnon de travail et je ne réussissais pas à m'intégrer à la vie de Chicoutimi ni à m'y faire des amis. Un soir, je suis même allé assister à des courses de motos au centre Georges-Vézina. J'ai enduré un vacarme d'enfer toute la soirée, et respirer de la boucane… en espérant rencontrer quelqu'un et me faire des amis. Ça n'a même pas marché.

Le seul ami que j'avais était mon téléviseur sur l'écran duquel je ne distinguais même plus les visages. J'habitais une petite chambre, car ça ne me donnait rien de payer un loyer trop élevé. Il faut dire que l'emploi de l'INCA était stable, oui, mais très peu rémunéré. Les fins de semaine, je les passais tout seul et les soirées aussi. C'était long, pénible et ennuyant à mourir. Je me suis aperçu que je ne voyais pas de lumière au bout du tunnel. J'étais un fonctionnaire extrêmement malheureux même si mes supérieurs étaient satisfaits de ma besogne. Je me morfondais dans mon travail, dans ma vie sociale, je n'avais pas de loisirs, je ne pratiquais plus aucun sport. J'étais en train de m'emmurer alors que j'avais tout juste vingt-deux ans. Pourtant, j'étais coincé… Je ne pouvais pas me permettre de quitter un emploi régulier. C'était contre mes principes. J'avais peur de ne pas arriver à trouver autre chose. J'endurais, j'endurais encore. J'ai résisté ainsi pendant dix-huit mois. Je sentais de plus en plus que j'arrivais à la croisée des chemins et que j'aurais bientôt une décision importante à prendre. Ou bien je gardais l'emploi et la sécurité et je tombais malade, ou bien je risquais d'aller vers tout ce que l'inconnu comportait d'incertain et d'angoissant. Dans le pire des cas, je pourrais toujours aller fabriquer des balais, rue Beaubien à Montréal. Là, au moins, j'étais certain que je pourrais aller prendre une bière avec un autre aveugle après le travail. Je pourrais échanger pendant les pauses et recommencer à faire rire mon entourage, trouver enfin quelque chose d'agréable dans la vie. Si le bonheur était possible seulement dans un ghetto, eh bien, j'irais.

J'ai donc remis ma démission, je suis retourné à Montréal où je me suis déniché un petit deux et demi meublé, tout près d'une station de métro. Alors j'ai renoué avec d'anciens collègues aveugles et j'en ai rencontré des nouveaux. J'ai réalisé que j'étais dans la même situation qu'eux. Ceux qui terminaient un cours ou ceux qui l'avaient déjà complété recherchaient activement et désespérément un emploi. Tous ces jeunes se réunissaient, brassaient des idées, discutaient de leur avenir, échangeaient sur des sujets qui les concernaient. On se questionnait sur les moyens dont on disposait pour être plus fonctionnels. Ainsi, l'utilisation du magnétophone plutôt que du braille, l'usage d'un chien-guide ou d'une canne blanche, tout cela alimentait nos débats. On se tenait informés des recherches médicales. On voulait notre place au soleil au sein de la société. On revendiquait nos droits. Je m'identifiais à ce groupe, je partageais leurs idées, je me sentais stimulé à agir. On s'agitait… On jetait les premières bases de la révolution tranquille des aveugles.

Par l'intermédiaire d'un membre du groupe, j'ai obtenu un emploi comme conseiller en placement dans un projet gouvernemental : l'Étape. J'aimais l'ambiance, on était fou et dynamique. Le travail consistait à trouver des emplois à des handicapés physiques de tous genres. C'était difficile de dénicher un emploi à des gens qui, en plus de leurs limites physiques, ne possédaient ni expérience ni grandes qualifications professionnelles. Pour y arriver, on organisait des journées de formation, entre autres sur la rédaction d'un CV, la simulation d'entrevue ou la rencontre avec des employeurs éventuels. Toutes les idées intelligentes avaient des chances d'être acceptées.

Dans la même période, j'ai rencontré Paul Gabias, qui possédait un chien-guide. Ma foi, ce gars-là était tellement mordu des chiens que je pense qu'il était content d'être aveugle juste pour avoir son chien-guide !

Grâce à lui, j'ai circulé avec un chien-guide pour la première fois. J'ai beaucoup apprécié la sensation que ça me procurait. Je me sentais plus en sécurité, je me déplaçais plus vite. J'étais plus fier, plus élégant, plus beau et… moins aveugle. Ça me donnait du panache.

Pourtant, j'avais quand même des réserves. Le chien avait besoin de temps et d'entretien. Il fallait le nourrir, le brosser… Il fallait l'amener partout et, contrairement à une canne blanche, on ne pouvait pas le plier et le cacher dans sa poche au besoin. C'est Lise Cloutier, qui venait d'aller chercher un golden retriever à New York durant l'été 1974, qui est venue à bout de mes dernières résistances.

En décembre 1974, je suis donc revenu de New York avec le plus beau des cadeaux de Noël : un magnifique labrador noir prénommé Randy. Quel chien ! Il avait une mémoire phénoménale. Après être allé à un endroit une fois, il s'en souvenait. Comme premier chien, Randy me semblait parfait même s'il était plutôt délinquant. Il alla même jusqu'à s'emparer du « lunch » d'un chauffeur d'autobus ! J'étais heureux. J'avais des amis, du travail, un logement et Randy, avec qui j'avais une si belle complicité.

Comme j'allais partout avec lui, j'ai constaté rapidement que Randy et moi étions victimes de discrimination. Moi qui étais fier du travail de ce chien et de son comportement impeccable dans les endroits publics, je me sentais lésé et insulté chaque fois qu'on nous interdisait l'accès à un lieu. Il s'agissait bien plus d'une question de droit que du simple pouvoir de circuler dans un lieu public avec mon chien-guide. La discrimination, ça ne passerait pas! Le recours en justice que je n'avais pas eu à «l'Adversité» d'Ottawa, je l'aurais cette fois. Ainsi, Lise Cloutier, Gérald Miller et moi-même, tous utilisateurs de chiens-guides, avons créé le Mouvement pour les chiens-guides (MCG). Nous étions fermement déterminés à nous battre pour obtenir la reconnaissance légale de nos droits.

Nous avons vécu quatre années intenses d'efforts, de stratégies et de revendications, un vrai bac, quoi! Et nous avons réussi à donner une grande force à un si petit mouvement qui soutenait une si belle cause. À chaque endroit où nous nous présentions avec nos chiens-guides, nous appréhendions un refus. Nous avons circulé pendant quatre ans avec une épée de Damoclès suspendue au-dessus de notre tête. Loin de nous décourager, chaque refus nous confirmait davantage dans notre lutte. Vivre à la noirceur était possible. Nous arrivions à la meubler de sons, d'impressions, d'odeurs et d'émotions. Mais c'était quand même la pointe de l'iceberg, le plus difficile étant de se butter aux obstacles qui découlaient de notre handicap. Abolir les frontières par des gestes aussi concrets que celui-ci nous fournissait des moyens de vivre au maximum de nos capacités. Est-ce qu'on songerait à refuser la vision artificielle à un aveugle sous prétexte qu'il porte des lunettes infrarouges et que ça dérange ceux qui le regardent? Le même principe s'appliquait à notre chien-guide. Il était nos yeux!

En 1978, en vertu de la loi 9 (loi assurant l'exercice des droits des personnes handicapées), la Charte des droits et libertés du Québec a été amendée par l'ajout d'un article antidiscriminatoire.

Jules César avait dit : « *Veni, vidi, vici.* » (Je suis venu, j'ai vu, j'ai vaincu.) Le MCG pouvait maintenant proclamer : « Je suis venu, je n'ai rien vu, mais j'ai vaincu ! »

Nous étions conscients d'avoir remporté une victoire historique.

CHAPITRE 7

À force d'essayer

L A BATAILLE pour les chiens-guides était gagnée, Randy et moi profitions de notre victoire tous les jours. Comme d'habitude, j'étais à l'affût de nouvelles expériences à vivre. Ce qui m'est arrivé alors a été vraiment extraordinaire ! Pierre Lambert, un étudiant aveugle, avait été engagé pendant un été pour réaliser le projet spécial qu'il avait soumis dans le cadre du programme Perspectives Jeunesse. Il s'agissait de permettre à des handicapés visuels de pratiquer régulièrement une activité physique. Une de ces disciplines s'appelait le « goalball », qui avait été spécialement inventé, conçu et adapté pour les aveugles. Pierre Lambert désirait me rencontrer pour me faire connaître ce sport et espérait m'intégrer à l'équipe. Après avoir assisté à une partie, j'ai constaté que tout me plaisait dans ce sport.

Quel plaisir! Quelle chance! En fait, l'activité physique était une passion que j'avais délaissée après avoir quitté Louis-Braille et que je n'imaginais plus possible, hélas!

J'ai accepté l'invitation, je me suis intégré à l'équipe de Montréal et peu de temps après j'ai participé à des tournois, dont celui de l'Île-du-Prince-Édouard où nous avons remporté la victoire, la première d'une longue série. J'éprouvais de nouveau les mêmes sensations de satisfaction, de défi et de plaisir. Je me développais dans ce sport, je m'éclatais, j'exultais.

L'année suivante, Robert Deschesnes, un étudiant demi-voyant de Québec qui commençait un bac en éducation physique à l'Université de Montréal, s'est joint à notre équipe. Mais il avait plus d'ambition et il nous a incité à fonder l'Association des sports pour aveugles de Montréal, l'ASAM. En plus de développer le goalball de participation et d'organiser les compétitions, l'ASAM se donnait comme mandat de favoriser la participation des aveugles au plus grand nombre de sports possible et d'imposer notre intégration chez les voyants. C'est comme ça que Pierre Lambert et moi, les deux aveugles les plus téméraires parmi ceux qui n'avaient aucun degré de vision, sommes devenus les cobayes de service de l'ASAM, déterminés que nous étions à ouvrir les portes des clubs sportifs. On s'est fait « revirer » comme des feuilles d'automne dans un cours de judo au centre Claude-Robillard. On a dérangé des «leveurs» de poids, dans un gymnase de la rue Saint-André. J'ai réussi à soulever 230 kg au niveau des cuisses. On a dévalé les pistes de ski alpin. On a «pris des plonges» en tandem avec des guides qui débutaient. On a même pédalé 1000 km autour du Québec en onze jours en passant par les montagnes du lac Mégantic à l'aller, le vent de face entre Montmagny et Montréal au retour. On a fait avancer les choses, je me sentais bien quand je faisais du sport... C'était et c'est encore un de mes «dadas» préférés.

Parmi les moments les plus marquants de cette période, il y a évidemment l'imprévisible médaille d'or que j'ai remportée au championnat canadien de ski alpin pour personnes handicapées, à Banff, en Alberta, en 1982.

Nous avions demandé l'intégration des handicapés dans les sports! Les organisateurs de cette compétition nous avaient très bien compris. Un peu trop peut-être! La descente s'est effectuée sur les mêmes pistes que celles de la Coupe du Monde! Quand François Vinet, mon entraîneur, qui pourtant n'avait peur de rien, a aperçu les petites collines qu'on appelle les Rocheuses, j'ai entendu un long moment de silence. Si je me rappelle bien, c'était la troisième fois que j'en entendais un aussi long.

Nous étions trois skieurs, dans la catégorie B 1 (Blind 1, aveugle total), à prendre le départ, et

François espérait me voir remporter la quatrième place. Compte tenu des circonstances, nous devions développer rapidement une stratégie efficace, sinon il ne nous resterait plus qu'à reprendre l'avion le plus vite possible pour revenir à Montréal.

J'étais convaincu que je n'avais rien à perdre et j'ai eu raison. Le premier skieur a été disqualifié parce qu'il avait quitté son parcours et le second a refusé de prendre le départ parce qu'il avait trop peur.

Devinez qui a été le seul à compléter la descente et qui a remporté la médaille?... C'est sous les rires et les applaudissements que j'ai franchi la ligne d'arrivée. J'ai été le seul à obtenir un chrono. Mais j'avais réussi parce que j'avais osé essayer.

En 1986, j'ai aussi participé au championnat canadien de goalball. À cause d'une conjoncture favorable encore une fois, j'ai réussi à me qualifier. Comme plusieurs joueurs avaient boycotté la sélection, il ne restait que Luc Fortin, Pierre Lambert et moi. Notre équipe était tellement plus faible que celles qui se présentaient normalement au championnat canadien qu'un gars de Québec avait prédit qu'elle se classerait au neuvième rang... derrière les huit équipes inscrites! Nous nous sommes tellement bien entraînés avant le match et nous étions tellement assoiffés de vaincre pendant la partie que nous avons remporté la victoire!

J'ai vécu des moments incroyables de camaraderie, de persévérance et de détermination. Nous avions été, tous trois, meilleurs que la somme des parties. Nous avions réussi un exploit qui n'aurait pas dû normalement arriver. Effectivement, nous aurions pu briller par notre absence, et pour cause. Une semaine avant notre départ pour la compétition, alors que nous utilisions toutes les heures de gymnase que notre entraîneur Robert pouvait trouver, il est arrivé quelque chose qui aurait pu avoir des conséquences dramatiques.

À la suite d'une erreur de positionnement entre Pierre Lambert et moi-même, Pierre s'est lancé vers la gauche pour attraper le ballon alors qu'au même moment je me suis précipité vers la droite. Bang! le tête-à-tête! On s'est retrouvés tous les deux inconscients sur le plancher. Robert a appelé deux ambulances. J'avais très mal à la tête et Pierre saignait abondamment. On nous a expliqué ce qui s'était passé. Pierre et moi refusions d'aller à l'hôpital, mais Robert a insisté. Le championnat canadien avait lieu durant la fin de semaine suivante et il nous fallait passer des tests. Nous n'étions que trois joueurs dans l'équipe, dont deux étaient en route vers l'hôpital, chacun dans son ambulance respective.

Heureusement, après examen des deux blessés, on n'a rien découvert de trop grave. Pierre en a été quitte pour douze points de suture sur le front alors que moi j'avais une belle grosse prune qui me couvrait presque la moitié du front, ce qui m'a valu le surnom de « tête dure ».

J'ai souvenir de ces moments-là comme si c'était hier. J'ai la fierté d'avoir réussi un exploit à la fois comme individu et comme membre d'une équipe.

Je n'ai plus jamais remporté de victoire sportive aussi importante, mais ça m'est complètement égal. Vivre des moments aussi intenses et aussi privilégiés n'arrive pas souvent dans une vie.

À bien y penser, en ouvrant les portes de l'université, en rendant illégale la discrimination et en développant un volet sportif, nous effacions par le fait même plusieurs pages du *Manuel du parfait aveugle*. Nous repoussions toujours plus loin les limites reliées à notre handicap.

CHAPITRE 8

J'ai glissé sur un grand serpent

À CETTE ÉPOQUE, je me sentais très bien dans ma peau. La vie était belle. Comme un bonheur n'arrive jamais seul, à un moment où je n'osais plus m'y attendre, j'ai eu une très belle surprise ! J'ai connu Denise, avec qui j'ai convenu de partager ma vie. J'avais quelqu'un à aimer, je pouvais échanger, faire des projets et vivre des expériences nouvelles en repoussant beaucoup d'autres obstacles. Soyons honnêtes, le fait que Denise soit voyante a beaucoup facilité les choses.

Au même moment, j'ai entendu parler d'un programme de l'OPHQ* qui offrait de financer des projets visant à fournir du travail à des personnes handicapées. Par ses subventions le gouvernement nous permettait ainsi de créer notre propre emploi

---

* Office des personnes handicapées du Québec.

en fondant une entreprise. Un collègue aveugle et moi avons développé un projet, que nous avons soumis à l'OPHQ. Il s'agissait de préparer et de vendre des repas précuisinés. Après avoir fourni une étude de marché, trouvé un local, établi le coût de l'équipement, rencontré des fournisseurs, élaboré des recettes et nous être soumis à toutes les tracasseries bancaires, l'OPHQ a accepté notre demande, et l'entreprise Repas Express est née. J'ai investi toutes mes économies et tout mon temps dans ce projet.

Nous avions engagé six employés, dont deux demi-voyantes, une sourde et un épileptique. Tout le monde était enthousiaste, et l'atmosphère de travail était des plus agréables. On demandait même au patron que j'étais devenu de préparer la viande à tourtière !

Tout allait passablement bien, mais les commandes n'étaient pas aussi nombreuses qu'on l'aurait souhaité. On se disait qu'on n'en était qu'au début et qu'il fallait se donner le temps d'être connu. Je prolongeais les heures d'ouverture jusque tard le soir en espérant augmenter les recettes. Tout ce que ça rapportait, c'était quelques dollars de plus pour quelques cafés achetés par des passants. On rencontrait tous les gens qu'on connaissait et qui nous avaient promis de s'approvisionner chez Repas Express. On leur téléphonait et retéléphonait... Oui, oui, oui, ils allaient venir, ils avaient manqué de temps... C'était la même chose pour les grossistes... Oui, oui, oui, notre entreprise avait sa raison d'être et ils nous feraient une grosse commande prochainement.

Mais plus le temps passait, moins ça allait. Pourtant, on avait fait une bonne étude de localisation. On avait pignon sur la rue Sainte-Catherine mais, de toute évidence, notre magasin n'était pas situé au bon bout de la rue, ou sûrement pas du bon côté, ou peut-être qu'à Montréal il n'y avait pas assez de monde.

Nous étions dans un cercle vicieux. Pas de revenus, pas de publicité, pas de publicité pas de revenus. L'argent de la subvention ne suffisait qu'à payer les salaires, la partie dévolue à l'achat d'équipement avait déjà été dépensée, et ce qui en restait avait été retenu comme caution par l'institution financière. Cependant loyer, chauffage, taxes et inventaire restaient aux frais de l'entreprise. Plus le temps passait, plus nous devions nous rendre à l'évidence que l'entreprise ne faisait pas ses frais et qu'elle ne les ferait malheureusement jamais.

Après six mois d'opération, de bonne volonté et de travail acharné, nous n'avons pas eu d'autre choix que de mettre la clé dans la porte. Pour éviter la faillite, il fallait fermer la boîte. Nous devions annoncer cette triste nouvelle à nos employés. Peu de temps avant Noël, nous avons dû les informer de notre décision. Ils n'en revenaient pas, ils avaient espéré qu'on s'en sortirait, que la situation se corrigerait. Tout le monde avait fait de son mieux, il régnait une bonne atmosphère à Repas Express et les employés disaient qu'ils n'avaient jamais connu un endroit où ils avaient travaillé avec autant de plaisir.

Je me sentais coupable de leur faire perdre un travail qu'ils aimaient, je me sentais coupable d'avoir investi tout mon avoir dans une aventure aussi folle, avec si peu d'expérience. J'étais humilié d'avoir raté mon coup. J'étais fatigué de jouer toujours au même jeu de serpents et d'échelles. Je venais de rencontrer le serpent qui m'avait ramené à la case départ. Quand remonterais-je la prochaine échelle ?

Je vivais cet échec tellement difficilement que mon instinct combatif semblait m'avoir abandonné pour de bon. Je perdais mes réflexes habituels. Je culpabilisais. Je prenais tout, tout, tout sur mon dos. Je m'attribuais la responsabilité de la moindre erreur. Je me renfermais, je ne parlais plus, et je n'en étais même pas conscient.

Un après-midi, alors que tout seul à la maison, j'entendais une émission de télé sans l'écouter, je me suis aperçu que j'avais le visage tout mouillé. Pourtant, il ne s'était rien passé de spécial cette journée-là. Je pleurais pour rien et je ne savais pas pourquoi. J'étais atterré à un point tel que j'ai dû faire appel à mes notions de psycho pour essayer de comprendre ce qui m'arrivait. Je n'ai pas eu besoin de réfléchir longtemps pour saisir que ma réaction n'était pas seulement l'expression d'un sentiment de culpabilité. Impossible de le nier, tous les symptômes étaient là! Je ne pouvais plus me mentir. Je devais reconnaître le fait que je me dirigeais directement vers la dépression. Il était d'ailleurs grandement temps que je réagisse, sinon la maladie serait sûrement venue à bout de ma résistance.

Quand Denise est revenue de son travail, je lui ai raconté ce que je venais de vivre. Rien de cela ne la surprit. Elle s'en était déjà aperçue depuis trois semaines. Elle me dit:

— Maintenant, on va se parler. Veux-tu arrêter de chercher un travail que la société n'est pas prête à te donner? Ce n'est pas toi qui es paresseux. Tu t'es rendu malade en travaillant comme un fou à Repas Express. Ça n'a pas marché. Arrête de te blâmer, ce qui est arrivé n'est surtout pas de ta faute. Maintenant, tu vas m'écouter et faire quelque chose qui te plaît. Trouve-toi un travail de bénévole. On vivra avec un seul salaire le temps qu'il faudra. Ça ne sera pas la misère. Après, on verra. Tout ce qui compte pour l'instant, c'est que tu as une dépression à éviter. Pour le moment, on va juste penser à ça.

Denise venait de me donner ce dont j'avais besoin et qui m'avait toujours fait avancer dans la vie. Elle avait allumé une autre petite lumière au fond de mon tunnel. Elle m'avait rendu un service inestimable. Je ne pourrai jamais la remercier autant qu'elle le mérite car, à ce moment-là, j'étais si effondré que je n'aurais jamais été capable de m'en sortir tout seul. Je m'inspirais des paroles du *Petit bonheur* de Félix Leclerc :

« Il me restait l'oubli,
il me restait l'mépris.
Enfin que j'me suis dit,
il me reste la vie. »

J'étais en vie. Je m'accrocherais.

CHAPITRE 9

J'ai trouvé une grande échelle

JE ME CREUSAIS LA TÊTE pour trouver un orga-
nisme qui soutenait une cause à laquelle je
croyais et où je pourrais travailler bénévolement.
C'est Dyno qui m'a apporté la réponse. Il était mon
troisième chien-guide. Je le trouvais parfait. Il avait
les qualités de Randy sans ses défauts. Il était
débrouillard, mais ne demandait pas autant d'au-
torité, n'étant pas aussi turbulent. Il était affectueux
et démonstratif comme Ipsen, mon deuxième
chien, mais drôlement plus intelligent. On était
complices. À titre d'exemple, je n'avais même pas
besoin de lui demander de tourner au coin des rues,
j'avais juste à y penser et Dyno le faisait aussitôt.
C'était un grand bouvier bernois, robuste et fier. Il
regardait tout le monde droit dans les yeux. Il me
plaisait. Comme je me félicitais d'être allé chercher

ce chien à la Fondation Mira! Dyno fut mon premier chien entraîné au Québec par Mira.

Je savais qu'à l'époque tout n'était pas gagné pour la fondation. Elle était au début de son existence, le financement ne s'avérait ni facile ni assuré. Mais je savais une chose: ces gens-là avaient un grand sens du défi. Ils n'avaient pas eu peur de se lancer dans cette aventure et ils croyaient à ce qu'ils faisaient. Dyno en était la preuve sur quatre pattes. Éric Saint-Pierre, maître-chien et fondateur de Mira, avait adapté le concept de chien-guide pour les aveugles du Québec. En effet, très peu d'aveugles québécois utilisaient un chien-guide et ceux qui en voulaient un savaient qu'ils seraient très bien servis aux États-Unis.

Il me semble que, contrairement à mon habitude, il s'est écoulé un bon bout de temps avant que je n'agisse. Je voulais offrir mes services aux dirigeants de Mira, mais je me sentais incapable de leur téléphoner pour aller les rencontrer. Par contre, plus j'y pensais, plus je me voyais défendre une telle cause. L'idée de travailler bénévolement dans une équipe jeune et dynamique où il y avait de la place non seulement pour proposer des idées nouvelles, mais aussi pour les confronter à d'autres et les réaliser, me rendait heureux.

J'aimais l'idée de m'associer à des gens qui tentaient de bâtir quelque chose de neuf. Mon choix était fait : la cause à laquelle je souscrirais sans réserve serait celle de la fondation Mira.

Après avoir glissé sur un grand serpent lors de l'épisode de Repas Express, j'espérais avoir trouvé une échelle qui me mènerait bien haut. Ayant enfin communiqué avec la fondation, j'ai offert mes services à titre de bénévole. Tout heureuse, Johanne, l'épouse du fondateur, m'a répondu que j'arrivais à un très bon moment parce qu'il y avait un urgent besoin de solliciteurs.

— Un quoi ? Non, non, je veux juste travailler comme bénévole !

— Rassure-toi, Michel, tu ne seras pas payé !

— Solliciteur ! Je ne m'étais pas imaginé ce scénario. Solliciteur ! Je ne savais pas si ça me plairait vraiment…

J'étais prêt à partir au bas de l'échelle, mais… je me retrouvais plutôt sur la pelouse que sur le premier barreau. Solliciteur ! J'hésitais. Johanne a insisté un peu.

— Tu sais, Michel, si on n'a pas l'appui des utilisateurs comme vous autres, la fondation ne durera pas longtemps. Toi, on sait qui tu es. Tu as de la gueule, tu es un peu connu, tu circules très bien avec ton chien. C'est un gros service que tu pourrais nous rendre en venant donner un coup de main à la campagne de souscription.

Vraiment, elle me flattait dans le sens du poil… Si ça pouvait les dépanner, je le ferais. De toute façon, je me disais qu'ou bien je travaillerais comme solliciteur chez Mira ou bien je resterais à la maison et je retomberais dans ma dépression. Laquelle des deux situations était la pire? J'avais une maladie à combattre. J'ai donc franchi la porte d'entrée chez Mira. Je faisais désormais partie de l'équipe des solliciteurs.

Ma première expérience eut lieu à Sherbrooke, dans le portique d'un grand magasin. Pour une journée, j'avais seulement six sacs de macarons à vendre, à raison de cent macarons par sac. J'étais gêné et je me sentais coincé entre un tracteur à pelouse et une tondeuse à gazon. J'avais chaud. J'entendais plein de gens qui passaient, attirés par un supersolde d'antigel « deux pour un ». J'étais figé et je me demandais sérieusement ce que je faisais là. C'est encore Dyno qui m'a sorti de ma torpeur en me donnant un coup de patte et un coup de museau. Il semblait me dire:

— Hé, « boss », tu ne travailles pas fort pour Mira et pour nous autres, les chiens-guides.

Ça m'a fouetté un peu. Il est vrai que, si je voulais un autre Dyno plus tard, il fallait que Mira continue d'exister. J'ai donc commencé à utiliser un vieux truc qui m'avait souvent dépanné: l'humour. Les gens aiment les chiens et ils ont le plus grand respect pour ces animaux qui nous prêtent leurs yeux. Dyno avait droit à de petites caresses de la part des passants. Mais, surtout, je me suis aperçu que les gens avaient besoin de rire et de quelqu'un pour les faire rire. J'attirais leur attention en racontant des histoires à propos de Dyno. J'expliquais, tout en vendant mes macarons, la raison d'être de Mira. Ce n'était plus de la sollicitation tranquille. Le portique du magasin était devenu une cour de récréation fébrile et joyeuse.

Je tirais une grande satisfaction de ce que je faisais, j'avais du plaisir à communiquer avec le public, je sentais l'impact et l'utilité de mon travail. J'étais heureux de travailler pour Mira. Quelques mois plus tard, on ouvrait des postes de travail à temps complet. J'ai été convoqué au bureau un lundi matin et on m'a dit que, si le travail me convenait, on était prêt à m'engager sur-le-champ. Ah! je n'en revenais pas! Je serais payé pour être bénévole! J'aurais un salaire intéressant à part ça, le meilleur que j'avais reçu jusqu'à présent, le seul qui tenait compte de mes années de scolarité! Si ça me convenait? La réponse était facile à donner! Bien sûr que ça me convenait!

Mon travail impliquait que je me rende à la Fondation Mira, à Sainte-Madeleine, plusieurs fois par semaine, mais ce n'était pas grave. Il me fallait utiliser les transports en commun durant trois heures chaque jour. J'aimais ça prendre quatre fois le métro et deux fois l'autobus en une seule journée. Je devais traverser la route 116 à pied, une fois par jour, vous savez, la route qui n'a pas de feux de circulation ! Ce n'était pas pire que de monter à Saint-Pierre à vélo ! Je m'en foutais éperdument. Dyno et moi, nous réussirions.

J'étais tellement heureux et fier de faire partie de cette équipe et de me retrouver ainsi sur le premier barreau de l'échelle dans l'organigramme de la fondation !

J'étais très enthousiaste mais un peu nerveux tout de même. Le mandat qui nous avait été confié, à Normand Corneau et à moi, était loin d'être facile. Il s'agissait d'organiser une campagne de souscription dans la région du Montréal métropolitain. Dans l'est de la province et dans la région de Québec, Gisèle Dupont avait très bien réussi, ainsi que Jean Royer dans l'Estrie et dans la Mauricie. Mais jusqu'à présent, tous ceux qui s'étaient risqués à faire de la sollicitation dans la région de Montréal s'étaient cassé les dents, malgré la densité de sa population. Tout y était à faire, à organiser, à inventer.

Des défis, je n'en avais jamais refusé même s'ils m'avaient fait peur ; alors je n'allais pas refuser celui-ci. J'étais convaincu qu'en partageant cet objectif avec Normand et en travaillant très fort tous les deux nous gagnerions. C'est ce que nous avons fait. Nous avons échangé des idées, recruté des bénévoles, formé une équipe, réservé des points de vente… Nous nous sommes épaulés et stimulés et avons obtenu dès le début des résultats inespérés.

Notre système de sollicitation était si bien rodé qu'on me demandait de plus en plus souvent de représenter Mira en prenant la parole lors de soupers-bénéfices, de tournois de golf et d'autres événements du genre. Je réussissais très bien et j'aimais ça. On m'appelait « Monsieur Mira ». À force de faire ce travail, il m'est venu le goût de devenir porte-parole à temps plein pour la fondation. Tant qu'à être Monsieur Mira, aussi bien être le vrai. Je sentais que j'avais l'intérêt et la capacité de développer un nouveau talent. J'étais enchanté par cette idée. Le seul inconvénient était que je devrais travailler tout seul. Fini les campagnes de souscription avec Normand ! Entre les périodes d'activité, je ferais du travail de bureau, à la maison. J'avais une nouvelle expérience à tenter et un second barreau à atteindre. J'en ai parlé à mes supérieurs et j'ai réussi à les convaincre.

Dans mon nouveau travail, les responsables me demandaient d'apporter une note humoristique aux activités organisées par la fondation. C'est ainsi que j'ai commencé à m'inspirer de mes expériences personnelles : ma vie sans le chien, la vie du chien sans moi, ma vie avec le chien, la vie du chien avec moi, les mauvais coups du chien, mes erreurs à moi.

L'amalgame de ces deux éléments, c'est-à-dire les informations sur les chiens-guides que je livrais et ma perception en tant qu'utilisateur, fournissait un contenu très drôle et très intéressant. Ça marchait, les gens aimaient ce qu'ils entendaient. Ils riaient et étaient fiers de contribuer financièrement à la belle réussite de la fondation. On me faisait des commentaires après les représentations : « C'était stimulant de vous entendre ! », « C'était encourageant ! », « C'était très motivant, pourquoi ne pas donner une conférence ? ».

Stimulant, encourageant, motivant, conférence… Moi qui ne me connaissais pas beaucoup de talents, je venais de m'en découvrir un : vous savez, quand on réussit mieux que les autres tout en fournissant moins d'effort… La première fois qu'un grand nombre de personnes m'a remercié en m'accordant une ovation debout, le président de Mira m'a ramené sur l'estrade et m'a dit :

— Attends un peu, ne pars pas si vite, tout le monde est debout !

— Es-tu fou ?

Là, j'ai vraiment été surpris. L'adrénaline s'est mise de la partie. La sensation était très différente du temps où je faisais rire les quatorze élèves de ma classe à l'Institut Louis-Braille.

Je suis devenu un drogué des foules. Plus ça allait, plus j'avais du plaisir à faire mon travail. Je changeais le contenu, je l'adaptais, le personnalisais, je n'étais pas avare de réflexions personnelles. J'avais un « bon » trac, juste ce qu'il fallait pour performer, une belle petite nervosité qui m'assurait de satisfaire les gens. Je ne me donnais pas le droit de les décevoir, ne serait-ce qu'une fois. Chaque situation était différente. Je vivais quelque chose d'exaltant. Après chacune de mes prestations, les commentaires étaient toujours aussi positifs. Les mots « motivation » et « conférence » revenaient continuellement. Les gens manifestaient de plus en plus le désir de m'entendre prononcer une vraie conférence et, chez Mira, on me demandait d'allonger mes numéros d'humour.

J'ai alors commencé à donner des conférences de motivation pour le bénéfice de Mira. Le concept plaisait à mes patrons, qui étaient entièrement d'accord avec moi. Nous avons ciblé la clientèle potentielle, conçu un dépliant publicitaire et organisé un événement sportif dans le but de me faire connaître et d'offrir des conférences aux entreprises.

Ainsi René Bourgeault et moi avons élaboré la Grande Marche. Un petit tour de 2000 km à travers le Québec, accompagné de mon fidèle Hansel, surnommé Gazou. Carole, Nicole et Roxanne ont donné un fier coup de main à ce projet en nous accompagnant et en nous encourageant tout au long du voyage. Cette grande marche a eu juste assez d'impact pour que je devienne conférencier-motivateur en titre et sur papier et que je passe à un autre barreau de l'échelle. J'avançais et ça me plaisait. Cependant, le nombre de conférences restait très limité.

Quelque temps plus tard, on a demandé aux dirigeants de Mira de venir présenter leur nouveau projet de chiens d'assistance lors de l'émission de Patrice Lécuyer. C'est Émilie, une petite fille de douze ans, et son chien Papineau qui furent délégués. Comme la belle Émilie était très jeune, on m'a demandé de l'accompagner et de lui apporter mon soutien au cas où elle serait intimidée. Elle assurerait la partie informative de l'émission et moi, la partie humoristique. Tout a si bien fonctionné que l'automne suivant j'ai été réinvité à l'émission, seul cette fois.

Quand Patrice m'a demandé ce que je faisais de neuf pour Mira, je lui ai répondu, sûr de moi, que je donnais des conférences de motivation. J'avais embelli mon histoire, car en réalité le volet conférence était encore à l'état embryonnaire. Je venais d'appliquer le truc d'un certain monsieur Gilbert du Saguenay–Lac-Saint-Jean que j'avais connu. Avec une attitude de gagnant, ce monsieur avait accepté un contrat de transport alors qu'il n'avait même plus de camion. Il avait rempli son engagement avec un camion loué, puis il l'avait acheté et avait lancé son entreprise.

J'espérais de mon côté que la même chose m'arriverait. Croyez-le ou non, c'est ce qui s'est passé. Le lendemain, le téléphone ne dérougissait pas à la fondation Mira. J'avais atteint rapidement l'autre barreau, celui de conférencier-motivateur. Cette fois, c'était vrai.

Après trois autres apparitions à Lécuyer et à plusieurs autres émissions connues, le nombre de conférences ne cessait d'augmenter. Le contenu était au point et tout fonctionnait très bien. Pourtant, après neuf ans au service de Mira, j'ai senti monter à l'intérieur de moi le goût d'un dépassement professionnel, le besoin d'aller plus loin. Je ne voyais plus de nouvel échelon à monter dans la fondation. L'idée de devenir travailleur autonome germait en moi. Comme ce projet n'impliquait personne d'autre que moi, n'ayant alors ni conjointe ni enfant, je pouvais agir plus librement.

Il ne faut pas oublier que ce changement comportait énormément de risques. Fini la sécurité financière, terminé le plaisir de travailler avec une équipe que j'appréciais. Mais le dilemme auquel j'avais à faire face était pire cette fois-ci puisque j'avais le choix entre deux bonnes choses : quitter ou rester. Continuer de travailler à la fondation était possible et intéressant. Risquer de partir et de m'ouvrir d'autres portes était également possible et intéressant. Je jonglais avec ces deux idées quand le hasard m'a fait rencontrer des personnes qui m'ont aidé à prendre une décision plus éclairée, moins émotive. Il s'agit de Marie-Andrée Lambert, présidente du groupe AGIRH, spécialisé en gestion des ressources humaines, de Louise Ladouceur et de Josée Prud'Homme avec qui j'ai travaillé par la suite. Elles m'ont fait voir de façon très objective le pour et le contre de chaque option et elles m'ont laissé libre d'agir et de décider comme je le voulais.

Elles ont réuni un groupe de personnes pour faire l'écoute d'une vidéocassette de l'une de mes conférences afin d'en faire par la suite une critique. Quelle épreuve! Je vous jure qu'à côté de ça, les examens oraux de l'université n'étaient rien. Josée et moi avions oublié de convenir d'un signal qui m'indiquerait si ce que je leur présentais leur plaisait ou non. J'ai supporté une heure vingt minutes d'enfer. Tout ce que j'entendais à travers un silence insupportable c'était le bruit des crayons qui prenaient des notes et encore des notes. Je me disais : «S'il faut que ça ne soit pas bon, qu'est-ce que je vais recevoir comme critique... »

À la fin du visionnement, j'ai été applaudi et le verdict a été très favorable. Tous avaient été très agréablement surpris. Je savais dès lors de quel côté j'orienterais ma vie. Je plongerais dans une nouvelle aventure. Je créerais mon prochain barreau moi-même. Je deviendrais travailleur autonome, je serais conférencier.

Pour symboliser le grand saut que je voulais effectuer dans ma vie, j'ai eu l'idée d'en faire un... en parachute! De toute façon, je me mourais d'envie de vivre cette expérience depuis au moins quinze ans. L'occasion était trop belle. J'ai rencontré Patrice Lécuyer et je lui ai offert la primeur de cet exploit. Patrice s'est dit enchanté de ce projet… d'autant plus qu'il ne devait pas sauter avec moi. Et j'ai sauté ! Quelle émotion on peut ressentir à plonger dans le vide à 13 500 pieds d'altitude, les yeux fermés.

Nous avons présenté le saut lors de l'émission de Lécuyer et, le lendemain, le téléphone n'arrêtait plus de sonner. Le succès a été immédiat. J'ai commencé mon nouveau travail sur les chapeaux de roues. Je me sentais vivant. Le plaisir que j'éprouvais à inscrire une conférence dans mon agenda et la déception que je ressentais quand j'essuyais un refus étaient indescriptibles. Chaque journée amenait sa part de nouveauté et sa dose d'adrénaline. Il fallait toujours prévoir des projets et vivre toutes sortes d'expériences pour pouvoir les raconter et garder vivant l'intérêt du public.

C'est moi, désormais, qui assurerais mon pain et mon beurre. Et je vous jure que je comptais bien manger à ma faim tous les jours et que j'allais faire ce qui était nécessaire pour y parvenir.

CHAPITRE 10

Vis donc tes rêves!

CE DERNIER CHAPITRE, je l'ai écrit pour me faire plaisir. J'ai voulu me constituer un album de photos. J'ai couché sur le papier — comme on fixerait sur une pellicule — de très beaux souvenirs. J'ai saisi les instantanés des moments les plus émouvants et j'ai réservé plusieurs pages blanches qui se rempliront de tout ce que je vivrai par la suite. J'aimerais que, certains jours de pluie, quelqu'un m'en fasse la lecture. Ouvrons donc cet album.

Sur une première page bien spéciale, j'ai placé une mosaïque des personnes qui me sont très précieuses: Louise la rieuse, Pascal le paisible, Micheline la douce, Raynald l'attachant grand-frère, Jean-François le joyeux, Diane la généreuse, Jacques le petit frère pince-sans-rire, Annie la rayonnante, Catherine la persévérante, Mélanie la courageuse,

Josée la stimulante, ma mère la responsable, Mohican le délinquant et moi, le chanceux.

Personne n'a oublié la crise du verglas de 1998. Si, dans la noirceur, je vis très bien, c'est que je m'y suis habitué n'est-ce pas ? Mais le silence complet m'est insupportable. Ne trouvant plus aucune pile pour alimenter ma radio à la maison, j'ai fait du patinage artistique avec Gazou jusqu'au dépanneur pour tenter de me ravitailler. Il n'en restait plus une seule à vendre.

Quelques mois auparavant, j'avais reçu en cadeau de mon oncle Jean Langlois un petit accordéon diatonique. Je l'avais accepté avec plaisir comme un souvenir décoratif. Je me suis rappelé qu'il était installé fièrement dans un coin du salon. Tout à coup, il s'est mis à me faire un clin d'œil insistant. Vous vous souvenez que mon talent au niveau musical n'était pas exceptionnel. Mais, confiné chez moi, je n'avais rien à perdre à essayer d'en tirer quelque chose. J'ai alors pris le petit accordéon et j'ai commencé à « pitonner ». Après une dizaine de minutes, j'ai cru reconnaître une mélodie : « La, la, la, la, la… lalala… Prendre un verre de bière… mon minou… Wow ! Prendre un verre de bière *right through* ! »

Après une demi-heure d'acharnement, je jouais la chanson au complet. Après une heure de répétition, je me servais un verre de bière… J'ai répété la mélodie pendant tout le reste de la journée pour être certain de ne pas l'oublier. J'avais eu une si mauvaise expérience avec l'« Eau vive » et le « Petit voilier » !

Le lendemain, je me suis concentré sur « Ah ! les fraises et les framboises ». Je répétais les deux pièces sans relâche si bien qu'elles commençaient dangereusement à ressembler à de la musique. Je n'en revenais pas moi-même ! J'étais capable de jouer ces airs traditionnels qui avaient bercé ma petite enfance. Je brûlais de partager ma réussite avec quelqu'un qui pouvait comprendre le plaisir qu'on éprouvait à jouer de cet instrument. J'ai donc téléphoné à ma tante Judith parce que j'avais toujours eu avec elle une connivence et une complicité privilégiées. Judith pouvait ressentir tout ce que je vivais parce que nous éprouvions la même passion pour la musique traditionnelle. Essayez de m'imaginer devant mon appareil téléphonique placé à la position « mains libres », jouant fièrement mes deux concertos « pour accordéon seulement ».

— As-tu r'connu ça, Dith ?

— Ben oui, ti-gars !

— Y penses-tu, Dith, j'suis capable ! J'suis capable, Judith ! C'est moi qui joue !

— Ben, voyons je le savais que toi, un jour, tu commencerais à jouer là-dessus. Je l'ai su quand tu as reçu l'accordéon de Jean ! Lâche pas, ti-gars, parce que Marcel et moi on vieillit et de savoir que quelqu'un de la famille peut prendre la relève, c'est ben important pour nous autres...

Eh bien! malgré moi, je me retrouvais investi d'une sacrée mission, pourtant, à bien y penser, celle-ci m'enchantait. Moi qui aimais tellement la musique traditionnelle et qui en avais tellement écouté, je découvrais à 48 ans que j'étais capable d'en jouer. Je n'y croyais pas. Je contribuerais à ma façon à maintenir cet art populaire bien vivant. Quelle fierté!

J'ai travaillé avec acharnement tout l'hiver. Claudette, ma voisine, a été bien patiente. Elle a entendu, sans jamais se plaindre, la répétition incessante de certaines phrases musicales que je tentais de parfaire et le tapage de pieds qui rythmait mes chansons. Je vous jure par contre que tout s'arrêtait à dix heures pile du soir. Je n'avais pas le choix: je pense qu'il y allait de mon amitié avec mes voisins... Quoi qu'il en soit, je progressais, mon répertoire s'élargissait, mais je cherchais un professeur pour m'aider à parfaire mon jeu. Par un drôle de hasard, j'ai entendu parler de la Société pour la promotion de la danse traditionnelle au Québec (SPDTQ). On y offrait des cours d'accordéon diatonique, auxquels je me suis inscrit dès le mois de septembre suivant.

En raison de l'importance que j'accordais à la musique traditionnelle et du plaisir que j'éprouvais à en jouer, je voulais avoir le meilleur instrument possible. Un grand violoniste s'offre l'immense joie de jouer sur un stradivarius. Même si je n'étais pas un grand accordéoniste, je voulais m'offrir le plus

106

beau des accordéons, « une » Messervier. La Messervier symbolisait ce rêve que j'avais toujours cru impossible à réaliser. Je n'étais plus penché sur la grille de la fournaise à bois à écouter le son de cette musique que j'aimais tant, je faisais maintenant partie de l'orchestre. Alors j'ai acheté la Messervier juste pour me faire plaisir. Elle représentait à elle seule plusieurs photos dans mon album souvenir. Je retrouvais au toucher la sobriété de ses formes, la perfection de l'assemblage des pièces, la douceur du vernis, les coins de métal qui la caractérisaient, la tendreté des touches et du soufflet, la qualité des sangles de cuir, sa légèreté, ainsi que la force et la puissance du son qui s'en dégageait.

L'été suivant, j'ai pris des vacances à l'Île-aux-Coudres. Bien sûr, j'avais apporté mon accordéon. Un jour, comme il faisait un temps superbe, un peu avant le souper, Josée m'a proposé de descendre au bord de l'eau et de jouer un peu de musique. Les gens qui étaient installés dehors se sont regroupés lentement autour de nous et ils se sont mis à chanter et à s'amuser.

Les musiciens de l'hôtel avaient remarqué que je jouais très bien des cuillères et un peu d'accordéon. Comme tous les samedis soir, ils présentaient un spectacle de musique et de danse traditionnelles. Il m'ont invité à jouer des cuillères avec eux. Je me suis donc retrouvé sur l'estrade avec mes cuillères et un micro près du genou gauche pour accompagner un guitariste, un batteur, un pianiste et un accordéoniste. Je me suis payé un plaisir fou! Vers la fin du spectacle, un des musiciens a dit:

— Est-ce qu'on joue un tour à notre « cuillèriste » ?

Alors, comme par le plus grand des hasards, mon accordéon m'est arrivé dans les mains. Tout le monde était de connivence, mais moi je n'avais rien vu. J'étais dans une bien mauvaise posture pour refuser, étant coincé sur une petite scène, au beau milieu des fils, des supports à micros et des instruments de musique dispendieux. Pas moyen de me défiler! Il s'est mis à faire chaud et ce n'était pas seulement à cause des réflecteurs... Heureusement, j'avais appris avec Josée, la semaine précédente, la « Valse de l'Île-aux-Coudres ». En ajoutant la « Bastringue » et le « Break de Portneuf », j'ai pensé que ça pourrait suffire. J'ai plongé encore une fois. J'écoutais dans la salle et tout sonnait très bien.

Est-ce que la Messervier était un accordéon magique? Après ma prestation les gens m'ont chaleureusement applaudi. Je venais encore une fois de réaliser un autre rêve... celui de jouer dans un orchestre, ne serait-ce qu'une fois, comme mon oncle Marcel. Combien de belles photos je venais de placer dans mon album! J'étais très encouragé à continuer mes cours pour devenir le meilleur accordéoniste possible.

Sur le chemin du retour, j'ai visité le Musée des légendes sur sculptures à Sainte-Anne-de-Beaupré. J'éprouvais un immense plaisir à toucher les histoires et les légendes sculptées comme si je les lisais en braille. Je me sentais depuis longtemps un lien de parenté avec les conteurs et j'étais fasciné par cette forme de communication.

Un peu plus tard, par un drôle de hasard, le responsable du Club de contes de Belœil, qui travaillait à l'école de mon neveu, a demandé à mon frère si j'accepterais d'aller raconter quelque chose lors d'une soirée. Comme Jean-François, mon maringouin de filleul, insistait, mon hésitation a été brève. Ça semblait si important pour lui! Je ne pouvais lui refuser un tel plaisir. J'ai donc brisé la glace en racontant avec couleur et humour les aventures extraordinaires et mémorables que j'avais vécues avec chacun de mes cinq chiens-guides.

Les auditeurs ont beaucoup apprécié ma prestation ; pour ma part, j'ai été ravi de leur offrir ce plaisir et de vivre cette nouvelle expérience. De retour à la maison, je recevais la programmation d'hiver de la SPDTQ. En plus d'offrir des cours d'accordéon, j'ai remarqué qu'on proposait également des cours de contes donnés par Jocelyn Bérubé. Ça commençait à faire un peu trop de signes, je ne pouvais pas passer à côté! Je me suis donc inscrit aux deux cours que j'ai suivis avec beaucoup de plaisir.

J'ai composé plusieurs contes dont celui de *Louis et Éloïse* que j'ai présenté, lors d'une soirée dans un café de la rue Saint-Laurent, le Sergent Recruteur. Mon récit a été très bien accueilli. Le conte jumelé à l'accordéon ajoute une corde à mon arc en apportant un élément nouveau à ce que je faisais déjà. Je suis certain que ça va mener vers quelque chose d'intéressant.

Encore des photos dans mon album! Je reste toujours ouvert aux nouvelles expériences. Quoi de plus merveilleux que de s'offrir un bon repas suivi d'un excellent porto accompagné de chocolat noir en savourant un cigare Churchill? Quoi de plus exaltant que d'écouter de très belles pièces de musique classique? Quoi de plus reposant que de s'évader en écoutant un bon livre-cassette? Quoi de plus relaxant que d'expédier en orbite quelques balles de golf? Je remplis mon album de photos en me souvenant de tous ces superbes moments.

Je ne refuse rien de ce qui est nouveau et de ce qui est bon. On m'a proposé de jouer dans un film aux côtés de comédiens chevronnés, et j'ai accepté. Si on accorde le financement demandé, je vivrai une nouvelle expérience. Sinon, je resterai ouvert et disponible pour une prochaine occasion.

J'ai une idée de fou à laquelle je tiens très fort et, croyez-moi, je vais la réaliser un jour! Je fais, avec mon ami Serge, du dériveur sur le lac Maskinongé. J'aime sentir le vent, monter au trapèze et réagir au quart de pouce pour ramener le bateau dans son assiette. Cependant, plus ça va, plus on dirait que le lac rapetisse. J'ai donc le goût d'aller me faire secouer dans un lac un peu plus grand, par des vents un peu plus forts. Un lac plus grand que le lac Memphré, plus étendu que le lac Saint-Jean, plus venteux que le lac Champlain, un lac qui nécessiterait au moins deux mois de voyage avant d'arriver de l'autre côté. Ce à quoi je pense, c'est traverser le lac… Atlantique.

Mohican, mon actuel chien-guide, sera sûrement du voyage. Je ne lui en ai pas encore parlé, mais je suis certain qu'il sera d'accord.

Pour faire cette expédition, je cherche un coéquipier qui, comme moi, veut se mesurer à lui-même ainsi qu'à la force des éléments de la nature, dans un grand voilier avec un équipage réduit afin que je sois certain de participer aux manœuvres.

J'aimerais installer le gréement, me battre avec les manilles, effectuer les réglages, utiliser mes connaissances des allures auprès, de travers ou portantes, prendre des ris, affaler les voiles au besoin et, ainsi, pouvoir vérifier mes sacrées limites.

Si je suis certain de réaliser ce rêve un jour, c'est qu'il est suffisamment réaliste pour être accompli. Tout ce que j'ignore, c'est la date du départ. Je veux vivre ça, revenir, partager mon expérience avec les gens et dire à chacun : « Vas-y donc, une fois dans ta vie, vivre un de tes rêves ! Vas-y donc, te faire brasser par les grands vents. Arrête donc d'y penser et fais-le. Ton plus petit rêve est toujours une grande chose à vivre. »

Parmi les trésors que j'accumule, je désire que *Mon clin d'œil à la vie* tienne une place d'honneur. Dans ce livre imagé sans images, coloré sans couleurs, j'ai raconté les expériences extraordinaires que j'ai vécues, au fil de ma vie, malgré le grave handicap qui m'a frappé dès mon jeune âge. Ce récit est authentique et, par lui, j'ai voulu faire ressortir les difficultés et les réussites, les échecs et les victoires qui ont marqué ma vie.

J'ai livré ma philosophie de la vie à travers des situations réelles qui m'ont fait évoluer. Quel plaisir mais aussi quelle souffrance j'ai éprouvés lors de la rédaction de ce livre. Quelle joie j'ai ressentie d'être aussi vivant !

J'ai voulu répondre à tous ceux qui voulaient savoir ce qui se passait dans la tête de quelqu'un qui vivait en permanence dans la noirceur. La cécité, une fois apprivoisée, n'est pas vide, elle se meuble d'impressions, de sensations, de sons, d'odeurs, de rires et de silences.

Je ne prétends aucunement fournir la recette magique du bonheur, mais si seulement je réussissais à communiquer au lecteur la détermination nécessaire à la réalisation d'un seul de ses rêves… comme j'en serais heureux !

Table des matières